내 팔자가 세다고요?
나답게 당당히 살고 싶은 여성들을 위한 사주명리학

내 팔자가 세다고요?

나답게 당당히 살고 싶은 여성들을 위한 사주명리학

릴리스 지음

머리말

여자로 태어나 아까운 사주라고
말하는 사람들에게

사주 상담을 하다 보면 화가 나는 순간이 많습니다. 언젠가 훌륭한 정치인이 될 수도 있을 운명을 가진 학생에게 사주 상담을 해주었더니 이렇게 대답하더군요.

"예전에 어떤 아저씨한테 사주를 본 적이 있는데 '남자로 태어났으면 잘나가는 정치인이 될 수도 있었을 텐데 여자가 이런 사주를 갖고 태어나서 아깝다'고 했어요."

글쎄요. 여자가 재능을 갖고 태어나도 그 재능을 펼치지 못하게 하는 사회를 만들고 유지해온 장본인이 바로 그런 '아재'와 같은 사람들 아닐까요? 그리고 남자가 사주를 보러 가면 '여자 우습게 보는 사주'라고 말하지 않으면서 여성에게만 그런 말을 하곤 하지요.

저는 한국 사회가 어떤 부분에서는 꽤 빠르게 긍정적으로 바뀌고 있다고 생각합니다. 그리고 그 중심에 올바른 정치와 페미니즘 교육이 있어야 한다고 주장합니다. 저와 비슷한 생각을 하는 사람들이 많아질수록 세상이 발전하는 속도도 더욱 빨라질 것이라는 점도 믿어 의심치 않습니다. 우리는 어처구니없게도 고작 티셔츠 문구나 휴대폰 케이스, 책 한 권으로도 마녀사냥에 가까운 사상 검증과 탄압이 일어나는 부끄러운 시대를 살고 있지만, 앞으로 태어날 아기들은 다른 세상을 살아갈 수 있을 것이라는 희망을 품고 있습니다.

　이 책을 읽는 당신이 현재 또는 미래의 어머니라면 한 가지 부탁을 드리고 싶습니다. 딸들을 착하게 키우지 말아주세요. 여자라서 얌전하게 행동해야 하고, 예쁘게 말해야 하며, 남자에게는 져주어야 한다고 교육하지 않으셨으면 합니다. 특히 "여자애가 그러면 못써"라거나 "계집애가 드세게"라거나 "여자가 그러면 시집 못 간다"와 같은 말은 절대로 하지 말아주세요. 남자 형제와 비교하며 "남자한테 한마디도 안 지려고 하네"라고 다그치지 마시고, 남자 형제가 해야 할 일을 대신 하도록 학습시키지 마세요. 당신의 딸이 생물학적 여성이라는 이유만으로 그들에게 순종과 복종과 희생과 배려와 양보와 패배를 강요하지 않으셨으면 합니다. 그렇게 키운 딸은 성장해서 자신이 주체가 되는 삶을 사는 것이 아니라, 타인(주로 남성 배우자와 그 가족이 될 확률이 높죠)의 서포터로서 존재하며 부당한 대접을 받거나 착취당하면서도 그것을 당연하게 여기며 살아가게 됩니다. 세상에 그렇게 살아도 되는 사람은 없습니다.

　이미 존재하는 이 땅의 딸들은 어머니의 배 속에서부터 제노사이드의 위험을 뚫고 태어나, 그들의 남자 형제나 훗날 만날지 말지조차 모를 남성 배우자의 기를 죽이지 않도록 착하고 순하고 정숙한 글자들로만 이루어진 이름이 붙여진 채, 가정에서부터 차별받으며 성장하여 평생 생물학적·사회적 불평등과 한계를 체감하며 살아가고 있습니다. 때로는 각종 범죄의 대상이 되어도 그 원인을 제공했다는 누명까지 쓰면서 말이죠. 저는 미래의 딸들이 더 나은 삶을 살기를 원합니다.

지독하게 성차별적인 명리학이라는 필드 안에서 이단아 같은 제가 쓴 책 한 권이 미래의 딸들과 현존하는 딸들의 삶을 더 나은 방향으로 바꾸는 일에 미약하게나마 일조할 수 있기를 바라봅니다.

2020년 1월
릴리스

차례

머리말	여자로 태어나 아까운 사주라고 말하는 사람들에게	004

준비 수업

사주 풀이의 기본

1. 내 사주 세우기 — 010
2. 음양오행이란 — 013
3. 일간은 바로 나 — 021
4. 십성이란 — 023
5. 격국 잡는 법 — 027
6. 용신이란 — 032

* 태어난 국가 및 도시, 시간을 정확하게 체크하자 — 034

1장

평범하게 우울한 당신에게

1. 수가 많으시군요 — 037
2. 사람은 누구나 없는 것을 쫓는다 — 041
3. 인생이 운발이라니 — 044
4. '노오력'이 부족합니까? — 047
5. 없으면 있는 척 — 050

* 그래도 결핍을 대면하는 자세 — 053

차례

2장 '여자 팔자' 다시 쓰기

1. 여자 팔자 중 가장 나쁜 사주 : 무관 사주	055
2. 남자는 관, 여자는 재라고?	063
3. 사랑받는 아내라는 팔자 : 관인 구조	066
4. 남자 많은 여자 : 관성의 재해석	071
5. 여자의 시간만 훔쳐가는 생애 주기	074
6. 팔자가 센 여자 사주들	077
* 뿌리 깊은 차별, 전통 명리학	081

3장 인연의 명리학

1. 피해야 할 여덟 가지 남자 유형	085
2. 결혼을 늦게 해야 하는 사주	093
3. 임신과 출산이 어려운 사주 : 승도지명	095
4. 자녀의 사주를 알아야 하는 이유	098
5. 그놈의 남편 복	102
6. 궁합을 봐야 하는 진짜 이유	105
7. 폴리아모리는 편재적 행위 : 재성	108
8. 연애 운을 현명하게 쓰는 법	111
9. 좋은 시기에 만난 사람이 좋은 인연	113
10. 보이는 게 전부가 아니다	115
11. '입덕'도 사랑으로 쳐주나요?	117
* 친구는 끼리끼리	120

4장 저 사람은 왜 저럴까?

1. 거짓말과 약속 — 123
2. 이제는 신살에 대한 대접이 바뀔 때 — 127
3. 도화는 관종의 기운 — 129
4. 당신은 카리스마형 리더 : 괴강살 — 133
5. 최악의 흉살, 백호대살의 진실 — 136
6. 경쟁심은 비겁의 힘 — 139
7. 인성의 부작용 — 143
8. 상관은 진짜 흉신일까? — 147
9. 달라서 싫은 사람 — 150
10. 운명의 부익부 빈익빈 — 153

* 스님 괴담 — 156

5장 작명 이야기

1 릴리스의 작명법 — 159
2 성별에 따라 한자가 달라지는 성명학의 성차별 — 164
3 개명과 개운법의 효과 — 167
4 예쁜 이름 지어주는 작명가 — 169

* 성씨는 원래 어머니의 것 — 171

6장 알고 가는 사주 상담

1. 사주 상담을 대하는 이상적인 자세 — 173
2. 사주는 몇 살부터 보는 것이 좋을까? — 176
3. 사주보다 중요한 것은 교육이다 — 179
4. 사주 상담이 안 맞았나요? — 181
5. 상담가도 사람이다 — 185
6. 세상의 모든 운명학 — 190
7. 질문을 준비해 오라 — 193

* 실력 없는 역학 상담가를 피하는 법 — 197

준비 수업
사주 풀이의 기본

내 사주 세우기

사주를 보는 방법은 사람이 태어난 연월일시(年月日時)를 명리의 달력인 만세력 버전으로 바꾸는 것이다. 예전의 역술인들은 두꺼운 종이책 만세력을 끼고 다니며 열심히 책장을 넘겨서 사주를 찾았으나 근래에 와서는 대부분 스마트폰 애플리케이션으로 대치되었다. 그럼에도 불구하고 시중의 많은 책들에서 클래식한 방법으로 사주를 세우는 방법을 설명하지만, 이 책에서는 복잡한 과정은 모두 생략하고 간단히 만세력 앱을 사용하는 것을 추천한다. IT 기술의 발달 혜택이 명리학에까지 닿아서, 이제는 자신이 태어난 날짜와 시간만 정확하게 알고 있다면 누구나 손쉽게 사주를 확인할 수 있게 되었다.

내가 추천하는 만세력 앱은 두 가지이다. 하나는 무료인 '원광만세력'이고, 다른 하나는 유료인 '강헌의 좌파명리학'(pc 버전은 무료)이다. 이 둘의 차이점은 대한민국 내에서도 출생한 도시에 따라 미세한 분 차이

이 장의 내용은 사주 상담을 받는 것을 넘어서 자신의 사주가 어떻게 세워지는지 기본 원리를 이해하고자 하는 초심자들을 위한 안내다. 필요한 부분만 취하거나 본문을 먼저 읽은 뒤에 읽어도 무방하다.

가 발생하는데, 강헌의 좌파명리학은 그 부분이 반영되었고 원광만세력은 그렇지 않다는 점이다. 초보자가 이용하기에는 강헌의 좌파명리학이 더 보기 편안하지만 앱 사용료가 저렴하진 않다. 출생시가 변하는 경계(예를 들어 새벽 3시 반 근처라면 축시에서 인시로 넘어가는 시간, 5시 반이라면 인시에서 묘시로 넘어가는 시간임)에 태어난 사람이라면 강헌의 좌파명리학 pc 버전이나 '세계만세력' 사이트에서 정확한 시를 찾은 뒤, '원광만세력' 앱에 입력해서 사용하면 좋을 것이다. 혹시 해외 출생자라면 반드시 세계만세력으로 찾아야 하고, 나중에 다시 이야기하겠지만 지구 남반구에서 출생한 사람은 사주를 볼 수 없다는 점을 기억해야 한다.

사주를 볼 때는 반드시 음력 생일을 알려주어야 한다고 생각하는 분들이 있는데, 그렇지 않다. 태양력이나 음력이나 결과적으로는 같지만 음력은 평달과 윤달이 있어 혼선을 빚는 경우가 있고, 당사자가 날짜를

만세력 애플리케이션 예시 화면. ㉠ 강헌의 좌파명리학 ㉡ 원광만세력

잘못 기억하는 경우도 종종 있어서, 나는 상담 예약을 받을 때 오히려 양력으로 날짜를 받는 것을 선호하는 편이다.

아래의 생년월일시를 넣고 연습을 한번 해보자.

ex) 태양력 1995년 10월 13일 오전 5시 15분 출생자의 사주

壬	丁	丙	乙
寅	丑	戌	亥

이런 식으로 여덟 글자가 나왔다면 성공한 것이다. (짝짝짝) 사주를 읽는 방법은 오른쪽부터 위에서 아래로 한 기둥씩 읽는 것이다.

ex) 태양력 1995년 10월 13일 오전 5시 15분 출생자의 사주 읽는 법

	시(時)	일(日)	월(月)	연(年)
천간(天干)	壬	丁	丙	乙
지지(地支)	寅	丑	戌	亥

1995년은 을해년(乙亥年)이었고, 그해 10월은 병술월(丙戌月)이었으며, 그 달의 13일은 정축일(丁丑日), 그날의 새벽 5시 15분은 임인시(壬寅時)에 해당하므로 위의 사주는 '을해년 병술월 정축일 임인시'라고 읽는다.

여기까지 이해가 되었다면, 이제 같은 방법으로 자신의 생년월일시를 입력하여 사주를 세워보자.

음양오행이란

앞의 과정을 거쳐 사주를 세웠다 해도 낯선 한자 여덟 개를 눈앞에 두고 여러분이 알 수 있는 것은 아무것도 없을 것이다. 걱정하지 말자, 봐도 모르는 것이 당연하다. 자신의 사주를 이해하기 위해서는 각각의 글자들이 지닌 의미를 알아야 하는데, 그 의미들을 알기 위해 가장 먼저 필요한 것이 바로 음양오행(陰陽五行)에 대한 이해다.

음양오행설은 명리의 기본이자 만물이 생장하고 소멸하는 기운을 상징적으로 도식화한 이론으로, 서로 끊임없이 대립하며 변화하는 음(陰)과 양(陽)의 성질, 그리고 이 세상을 이루는 다섯 가지 질료에 해당하는 오행(五行)의 조합이다. 원래는 음양오행설의 이치와 그것에 대한 설명만으로도 책 한 권은 족히 쓸 수 있는 방대한 분량이지만, 명리학도가 아닌 일반인을 대상으로 한 이 책에서는 최대한 쉽고 간결하게 짚고 넘어가려 한다. 더 전문적이고 자세한 내용을 원하는 사람은 따로 명리 이론서를 읽을 것을 추천한다.

음과 양

　음(陰)의 에너지는 어둡고, 차갑고, 부드럽고, 정적이며, 소극적이고, 종결하는 상태를 대표한다. 반대로 양(陽)의 에너지는 밝고, 뜨겁고, 단단하고, 활동적이며, 적극적이고, 시작하는 기운이라 볼 수 있다. 사람은 모두 천차만별이라 사주에 따라 음기(陰氣)가 유독 강한 사람이 있고, 누군가는 양기(陽氣)가 강한 사주를, 또 누군가는 음양(陰陽)이 적절히 섞인 중립적인 사주를 가졌을 것이다. 음양의 기운이 어느 한쪽에 극단적으로 치우친 사람일수록 겉으로도 쉽게 식별이 가능한데, 아주 단순하게 예를 들자면 사주에서 음기가 매우 우세한 사람은 차분한 성격과 조용한 목소리, 신중한 태도의 소유자일 가능성이 높다. 반대로 양기가 압도적인 사람은 힘이 넘쳐서 목소리와 몸짓이 크고 시끄럽게 말하는 경향이 있으며, 성급하고 활동적인 편이다.

오행의 특징

　목(木), 화(火), 토(土), 금(金), 수(水), 이 다섯 가지를 오행(五行)이라 부른다. 자연을 구성하는 가장 기본적인 물질들로, 요일이나 행성의 이름도 오행의 이름을 따서 지은 것처럼 거의 모든 곳에 음양오행의 법칙은 자연스레 녹아들어 있다. 주의할 점은 오행을 글자 그대로의 의미가 아니라 그 물질이 뜻하는 성질에 해당하는 상징성으로 받아들이는 편이 좋다는 것이다.

　목(木)이 상징하는 것은 봄과 아침, 어린아이, 푸른색, 성장 욕구와 의지이다. 모든 것의 시작이자 앞에 있음을 의미하기 때문에 목은 천진하고 무언가를 늘 새로 시작하고자 하는 의지가 강하다. 그래서 사주에서 목의 기운이 강한 사람은 일상적으로 의욕이 넘치고 분주한 경우가 많다. 주도적으로 이런저런 일들을 벌이고 다닌다든지 사람들을 많이 만나는 행동도 전형적인 목 기운의 행동이다.

화(火)는 여름과 정오, 청년, 붉은색, 자신감과 열정, 다혈질 등을 상징한다. 그래서 화 기운이 활성화되어 있는 사람은 기본적으로 성격이 밝고 다정다감하며 활기찬 편이고, 타오르는 불처럼 발산하는 에너지가 강하기 때문에 욱하는 성질이 있을 수 있다. 타인을 대하는 예의와 따뜻함도 화 기운에서 나오기 때문에 화 기운이 발달한 사람들 중에는 예의 바른 이들이 많다.

토(土)는 계절의 끝인 환절기, 중년, 황색, 믿음과 중용, 고집과 끈기를 뜻한다. 토는 유일한 중립오행이기 때문에 다툼 및 변화나 변동을 별로 좋아하지 않는다. 이런 특징으로 인해 토가 발달한 사람은 과묵하고 진중한 타입이 많고, 타인에게서 신뢰를 쉽게 받는 장점이 있어 대인관계가 좋은 편이다. 자신의 이야기는 많이 하지 않지만 묵묵히 남의 고민을 잘 들어주고 의지가 되는 친구 같은 느낌의 오행이다.

금(金)은 가을과 장년, 흰색, 옳고 그름을 가리는 성향, 비판과 냉정함, 결단력, 실행력, 결과 추구 등을 대표하는 오행이다. 그래서 금의 사람들은 의리가 있고 기억력이 뛰어나며 논리적이고 정확한 것을 좋아하고, 헛발질을 하거나 명분이 없는 것을 싫어한다. 금은 오행 중 가장 강하고 날카로운 성질을 가졌으며, 이성적인 사고와 무언가를 결정하고 결과를 거두는 일, 시비를 가리거나 그릇된 것을 처단하는 행위 등이 금 기운의 대표적인 활동이다.

수(水)는 겨울과 노년, 검은색, 지혜와 생각, 본능과 생명을 나타낸다. 물은 형태가 없는 물질이기 때문에 다른 오행들보다 사고방식이 유연하고, 아래로 흐르는 물의 특성으로 인해 겸손함을 보여준다. 수(水)의 사람들은 조숙하며 순발력이 뛰어나고 생각이 깊은 동시에 책략가처럼 자신의 속내를 감추고 드러내지 않는 편이다. 정신세계를 대표하는 오행이므로 일반적으로는 고도의 전략을 짜야 하는 지능을 요하는 직업군에서 진가를 발휘하며, 동시에 종교 및 영성에도 관여하기 때문에 종교인 및 역술인에게도 매우 중요하고 필수적인 오행이다.

십천간

위에서 설명한 음양(-, +)과 오행(木, 火, 土, 金, 水)을 곱하기하여 만들어낸 +木, -木, +火, -火, +土, -土, +金, -金, +水, -水에 각각 대응되는 글자들이 십천간(十天干)이다.

	木	火	土	金	水
양(+)	甲(+)	丙(+)	戊(+)	庚(+)	壬(+)
음(-)	乙(-)	丁(-)	己(-)	辛(-)	癸(-)

이 글자들은 사주에서 윗줄, 즉 하늘의 기운을 뜻하는 '천간(天干)'의 자리에 들어가게 되므로 십천간이라 불리며, 오행이 각각 음양과 짝지어져 5×2=10개가 되었다. 읽는 방법은 아래와 같다.

	木	火	土	金	水
양(+)	甲(+) 갑목	丙(+) 병화	戊(+) 무토	庚(+) 경금	壬(+) 임수
음(-)	乙(-) 을목	丁(-) 정화	己(-) 기토	辛(-) 신금	癸(-) 계수

땅의 기운을 나타내는 아랫줄인 지지(地支)에는 우리에게 띠로 익숙한 12간지의 한자들이 들어간다. '12지지'라 불리며 천간의 글자들과 한

자의 생김새는 다르지만 동일한 의미를 지니고 있다. 천간과는 달리 지지의 글자가 10개가 아닌 12개인 이유는 아래 도표에서 확인이 가능하듯 토(土) 오행이 2개 더 늘어났기 때문이다. 중립오행인 토는 각 계절의 마지막을 닫고 새로운 계절을 여는 역할을 하는데, 4개의 계절로 인해서 지지의 토 오행의 개수도 4개가 되었다. 그리하여 12지지는 완벽하게 12개의 월(月)에 대응된다.

	木	火	土	金	水
양(+)	寅(+) 인목	巳(+) 사화	辰/戌(+) 진토/술토	申(+) 신금	亥(+) 해수
음(-)	卯(-) 묘목	午(-) 오화	丑/未(-) 축토/미토	酉(-) 유금	子(-) 자수

앞서 앱을 이용해 세운 자신의 사주의 천간과 지지를 살펴 어떤 음양오행의 글자들로 구성이 되어 있는지를 확인해보자. 글자들의 발음도 한 번씩 소리 내어 읽어보자.

ex) 1995년 10월 13일 오전 5시 15분 출생자의 음양오행

시	일	월	연
壬(+水)	丁(-火)	丙(+火)	乙(-木)
寅(+木)	丑(-土)	戌(+土)	亥(+水)

이 사주는 을목과 인목, 병화와 정화, 술토와 축토, 임수와 해수로 이루어져 있다. 음양오행을 파악한다면 양(+)의 목(木)이 하나, 음(-)의 목(木)이 하나, 양(+)의 화(火)가 하나, 음(-)의 화(火)가 하나, 양(+)의 토(土)가 하나, 양(+)의 수(水)가 두 개 있다. 음(-)의 토(土)와 음(-)의 수(水), 그

리고 금(金)은 없다.

오행의 개수가 의미하는 바는 아래와 같다.

0	무엇이든 하나도 없는 것은 기본적으로 좋지 않으나 특수한 조건에서는 차라리 없는 것이 나을 때도 있다.
1	상태가 좋을 때는 이상적이고 진가를 발휘하지만, 고립되거나 망가져 있다면 심각한 문제가 생긴다.
2	가장 안전하고 적당하다.
3	해당 오행의 특징이 발달하여 많이 드러난다. 3개부터 '많다'고 표현한다.
4~6	과다하다. 해당 오행의 단점이 더 많이 드러난다.
7~8	특수한 경우에 해당하며, 전체적인 균형이 맞지 않지만 긍정적으로 해석한다.

오행에는 일종의 팀(team)이 있다. 앞에서 설명했듯이 곱하기에 의해 오행 안에서 음양이 나뉘지만 그보다 큰 묶음으로 나눌 땐 목과 화가 같은 팀으로 양의 카테고리에 속하고, 금과 수가 같은 팀으로 음의 카테고리에 속한다. 토는 중립오행이므로 어디에도 속하지 않는다. 즉, 같은 양의 글자여도 양의 목과 양의 화가 양의 금이나 양의 수보다 더 강한 양기를 지닌다는 뜻이다. 같은 이치로 음의 금이나 음의 수가 음의 목이나 음의 화보다 더 음기가 강한 것은 말할 것도 없다. 사주에 전반적으로 목과 화가 많다면 양기가 우세한 사주가 되고, 금과 수가 많다면 음기가 우세한 사주가 된다. 그 둘의 세력이 비슷하다면 중화사주일 것

이다.

 자신의 사주에 어떤 음양오행이 많고 적은지, 또 하나도 없는 것은 무엇이며, 음과 양 중 무엇이 우세한지를 파악해보자.

오행들의 상호작용: 생극제화

오행들 사이에서는 생극제화(生克制化)라 불리는 서로 간의 작용이 이루어진다.

생(生)하다/생(生)해주다

한 오행이 다른 오행에게 생명을 준다. 낳아주고, 키워주고, 강하게 만들어주며, 도와준다는 의미이다. 마치 어머니와 같은 역할을 한다.

木 → 火 나무가 땔감이 되어 불을 키워주듯이 목은 화를 생한다.
火 → 土 만물은 불에 타면 재가 되어 흙으로 돌아가므로 화는 토를 생한다.
土 → 金 광물은 땅에서 나오기 때문에 토는 금을 생한다.
金 → 水 물을 정수할 때 돌을 쓰는 것처럼 금은 수를 맑게 해주므로 생한다.
水 → 木 나무에 물을 주어 성장시키므로 수는 목을 생한다.

극(克)하다/극제(克制)하다

한 오행이 다른 오행을 통제하고 다스린다는 뜻이다.

木 → 土 나무는 뿌리로 흙을 꽉 움켜쥐기 때문에 목은 토를 극한다.
火 → 金 불은 차갑고 단단한 금속을 녹여서 형태를 바꿀 수 있는 유일한 물질이기 때문에 화는 금을 극한다.
土 → 水 흙은 제방이 되어 자유로운 물을 통제한다. 물의 길을 만들고, 가두며, 때로는 흙탕물로 만들어버리기도 하므로 토는 수를 극한다.
金 → 木 쇠로 만든 도끼가 나무를 잘라내고 다듬는 역할을 하므로 금은 목을 극한다.
水 → 火 물은 열기를 식히고, 불을 꺼뜨리므로 수는 화를 극한다.

화(化)하다

한 오행이 다른 오행의 힘을 빼앗아간다. 생(生)의 반대 개념이다. 한자의 본래 의미와는 조금 다르기 때문에 '설기(洩氣)한다'는 표현을 주로 쓴다.

木 → 水 나무가 물을 빨아들여 물의 기운이 약해지니 목은 수를 설기한다.

火 → 木 불이 나무를 태워버리므로 화는 목을 설기한다.

土 → 火 흙을 생해주기 위해 불은 자신의 에너지를 써버리므로 토는 화를 설기한다.

金 → 土 금이 커다란 바위가 되기까지 땅은 금을 품어주므로 금은 토를 설기한다.

水 → 金 계곡의 바위가 물살에 의해 마모되듯 수는 금을 설기한다.

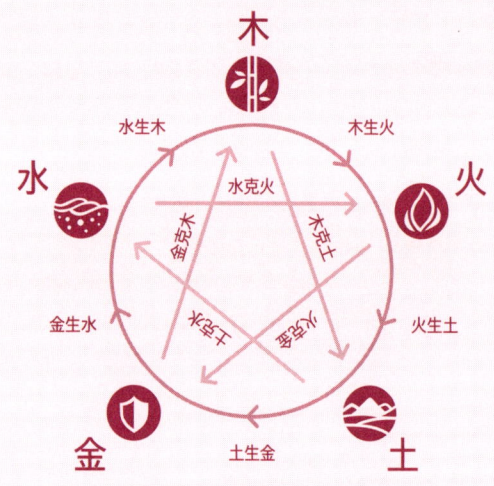

일간은 바로 나

일간(日干)은 내가 태어난 날의 천간(天干) 글자로 내 사주의 정수이자, 나를 나타내는 글자이다.

예를 들어 아래의 사주에서는 일(日)의 천간에 위치한 정(丁)이라는 글자가 이 사주의 주인을 의미한다.

시	일	월	연
壬(임)	丁(정)	丙(병)	乙(을)
寅(인)	丑(축)	戌(술)	亥(해)

일간 글자의 음양오행을 기본으로 하여 다른 글자들과의 관계를 파악함으로써 사주의 특징을 알 수 있다.

일주는 성격의 기본 단위

일간(日干)과 일지(日支)의 글자를 합쳐서 '일주(日柱)'가 완성된다. 내가 태어난 날의 기둥이라는 뜻이다. 일주는 총 60개가 존재하며, 개개인 성격의 기본 단위가 된다. 오행을 음양과 곱해 만들어진 십천간 중

하나인 일간이 더 커다란 카테고리로 사람의 멘털리티(mentality)를 분류한다면, 일주는 사람의 성격 유형을 60가지 종류로 더 세밀하게 나누는 것이다. 그래서 명리를 아는 사람들끼리 만나면 초면에 인사처럼 "무슨 일주세요?" 하고 묻는 광경이 연출된다. 상대방이 대략 어떤 성격을 베이스로 가진 사람인지 파악하기 위한 탐색 작업인 셈이다.

예시로 든 위의 사주에서는 일간이 정화(丁火)가 되며, 일지는 축토(丑土)이므로 합쳐서 정축일주라 부른다. 정축일주는 정화의 성향을 베이스로 하면서 축토의 성질이 더해져 정축(丁丑)이라는 고유의 성격을 가지게 된다. 이를테면 같은 정(丁) 일간이어도 일지가 다른 정해(丁亥)일주나 정미(丁未)일주와는 정화의 특성을 공유하면서 동시에 차별되는 성질을 띠는 것이다.

그럼, 아래 도표에서 자신의 일주를 찾아 읽어보자.

甲子 (갑자)	乙丑 (을축)	丙寅 (병인)	丁卯 (정묘)	戊辰 (무진)	己巳 (기사)	庚午 (경오)	辛未 (신미)	壬申 (임신)	癸酉 (계유)
甲戌 (갑술)	乙亥 (을해)	丙子 (병자)	丁丑 (정축)	戊寅 (무인)	己卯 (기묘)	庚辰 (경진)	辛巳 (신사)	壬午 (임오)	癸未 (계미)
甲申 (갑신)	乙酉 (을유)	丙戌 (병술)	丁亥 (정해)	戊子 (무자)	己丑 (기축)	庚寅 (경인)	辛卯 (신묘)	壬辰 (임진)	癸巳 (계사)
甲午 (갑오)	乙未 (을미)	丙申 (병신)	丁酉 (정유)	戊戌 (무술)	己亥 (기해)	庚子 (경자)	辛丑 (신축)	壬寅 (임인)	癸卯 (계묘)
甲辰 (갑진)	乙巳 (을사)	丙午 (병오)	丁未 (정미)	戊申 (무신)	己酉 (기유)	庚戌 (경술)	辛亥 (신해)	壬子 (임자)	癸丑 (계축)
甲寅 (갑인)	乙卯 (을묘)	丙辰 (병진)	丁巳 (정사)	戊午 (무오)	己未 (기미)	庚申 (경신)	辛酉 (신유)	壬戌 (임술)	癸亥 (계해)

십성이란

십성(十星), 십신(十神), 육친(六親), 모두 같은 말이다. 똑같은 개념을 두고서 지칭하는 단어가 너무 많아서 혼란스러운 느낌마저 들지만 어렵게 생각하지 않아도 된다. 십성이란 사주에서 나를 뜻하는 일간을 기준으로 다른 자리에 놓인 글자들과의 관계성을 나타내는 표현이다.

비겁
　　비견과 겁재를 통칭하는 표현. 나랑 같은 오행의 글자.
　　인간관계에서는 나와 동일한 그룹으로 묶이는 타인, 즉 형제, 친구, 동료, 경쟁자 등을 의미한다. 타인에 대한 인식과 타인과의 관계성을 보여주며 자의식과 협동심 및 독립심, 경쟁심, 시기심 등에 영향을 미친다.

▶ 비견: 나와 음양과 오행이 모두 같음.
▶ 겁재: 나와 음양은 다르고 오행만 같음.

식상

　식신과 상관을 통칭하는 표현. 나로부터 나오며, 내가 생하는 오행.

　인간관계에서는 내가 낳는 자식을 의미하며, 나의 언변과 창의력, 활동, 놀이, 생산력, 지능, 자유로운 표현, 건강을 관장한다.

▶ 식신: 나와 음양이 같고 내가 생함.
▶ 상관: 나와 음양이 다르고 내가 생함.

재성

　편재와 정재를 통칭하는 표현. 내가 추구하는 대상인 동시에 극하는 오행.

　인간관계에서는 배우자나 애인, 아버지를 뜻하며 가장 대표적인 의미는 재물이다. 재성은 계산 및 눈치나 재주와도 연관이 있어 사주에서 재성이 발달한 사람은 꼼꼼하고 애교가 많으며 잔재주와 센스가 좋다.

▶ 편재: 나와 음양이 같고 내가 극함.
▶ 정재: 나와 음양이 다르고 내가 극함.

관성

　편관과 정관을 통칭하는 표현. 나를 제어하고 극하는 오행.

　인간관계에서는 배우자, 조직, 직장 상사, 단골 고객에 해당하고 가장 기본적인 의미는 직업과 직장이다. 관성은 나를 불편하게 하는 동시에 그것들을 감내했을 때 사회적 보상이 따르는 십성이다. 타인의 시선을 의식하고 체면을 차리게 만드는 기능을 하며, 절제력에 관여한다.

▶ 편관: 나와 음양이 같고 나를 극함.
▶ 정관: 나와 음양이 다르고 나를 극함.

인성

편인과 정인을 통칭하는 표현. 나를 도와주고 생해주는 오행.

인간관계에서는 나를 낳아준 어머니를 의미한다. 나를 뒷받침해주고 보호해주는 기능을 하므로 심리적 안정감과 공부, 문서, 자격증 등을 나타내는 십성이며 외부적 자극을 수용하게 하는 역할을 한다. 인성은 내가 받아들이는 것이기 때문에 나로부터 나오는 식상을 조절하는 능력이 있다.

▶ 편인: 나와 음양이 같고 나를 생해줌.
▶ 정인: 나와 음양이 다르고 나를 생해줌.

자신이 가지고 있는 십성이 무엇이며, 없는 것은 또 무엇인지 파악해 보자.

십성표

일간	甲	乙	丙	丁	戊	己	庚	辛	壬	癸
비견	甲/寅	乙/卯	丙/巳	丁/午	戊/辰/戌	己/丑/未	庚/申	辛/酉	壬/亥	癸/子
겁재	乙/卯	甲/寅	丁/午	丙/巳	己/丑/未	戊/辰/戌	辛/酉	庚/申	癸/子	壬/亥
식신	丙/巳	丁/午	戊/辰/戌	己/丑/未	庚/申	辛/酉	壬/亥	癸/子	甲/寅	乙/卯
상관	丁/午	丙/巳	己/丑/未	戊/辰/戌	辛/酉	庚/申	癸/子	壬/亥	乙/卯	甲/寅
편재	戊/辰/戌	己/丑/未	庚/申	辛/酉	壬/亥	癸/子	甲/寅	乙/卯	丙/巳	丁/午
정재	己/丑/未	戊/辰/戌	辛/酉	庚/申	癸/子	壬/亥	乙/卯	甲/寅	丁/午	丙/巳
편관	庚/申	辛/酉	壬/亥	癸/子	甲/寅	乙/卯	丙/巳	丁/午	戊/辰/戌	己/丑/未
정관	辛/酉	庚/申	癸/子	壬/亥	乙/卯	甲/寅	丁/午	丙/巳	己/丑/未	戊/辰/戌
편인	壬/亥	癸/子	甲/寅	乙/卯	丙/巳	丁/午	戊/辰/戌	己/丑/未	庚/申	辛/酉
정인	癸/子	壬/亥	乙/卯	甲/寅	丁/午	丙/巳	己/丑/未	戊/辰/戌	辛/酉	庚/申

ex) 1995년 10월 13일 오전 5시 15분 출생자의 십성

시	일	월	연
壬(정관)	丁(일간/일원/본원)	丙(겁재)	乙(편인)
寅(정인)	丑(식신)	戌(상관)	亥(정관)

이 사주에는 편관, 그리고 재성(정재와 편재 모두)이 없다.

격국 잡는 법

격국(格局)은 자신이 주로 쓰고자 하는 에너지를 대표하는 단어라 볼 수 있다.

격국을 잡는 방법은 월지(月支)에서 출발한다. 월지의 십성을 일간에 대비하여 비견격/겁재격/정인격/편인격/정관격/편관격/식신격/상관격/정재격/편재격으로 정한다. 태어난 월(月)은 출생한 계절을 나타내므로 월지의 기운은 자신을 둘러싼 환경을 뜻하며, 사주에서 나를 나타내는 일간 다음으로 강한 힘이다. 가령 월지의 글자가 정재라면 공식에 의해 도출된 격국이 정재격이 아니더라도 정재적인 성격을 반드시 지니고 있다.

격국을 잡는 공식은 명리학자마다 조금씩 다르며, 각종 특수격이란 것이 존재하므로 초보자에게는 매우 어렵게 느껴질 수 있다. 이 책에서는 가장 쉽게 잡는 법을 알려주려 하므로 천천히 잘 따라해보기를 권한다. 만약 아래 내용을 읽고도 자신의 격을 찾기 어렵다면 전문가의 도움을 받는 것이 좋다.

첫 번째, 자신이 태어난 달이 자(子)·오(午)·묘(卯)·유(酉)월 중 하나인 사람은 그 글자 그대로를 일간에 대입해 격국으로 잡는다. 가장 단순하고 쉽다.

ex)

시	일	월	연
	甲		
		子	

일간이 갑(甲)인 사람이 자월(子月)에 태어났다면 자수(子水)는 갑목(甲木)에게 정인에 해당하므로 정인격이다.

시	일	월	연
	辛		
		卯	

일간이 신(辛)인 사람이 묘월(卯月)에 태어났다면 묘목(卯木)은 신금(辛金)에게 편재에 해당하니 편재격이다.

두 번째, 자·오·묘·유월이 아닌 다른 달에 태어난 사람은 조금 복잡해진다. 월지 속의 지장간(支藏干)*을 살펴 그중 천간에 드러나 있는 글자를 격으로 보는 것이다. 지장간은 앱의 결과 화면에서 지지의 글자들 바로 아래 작은 칸에 들어 있을 것이다. 만약 해월(亥月)에 태어난 정화(丁火) 일간이라면 해(亥) 밑에 있는 지장간 '戊甲壬' 중 한 글자가 천간에 나

---

*천간에 있는 글자들이 순수하게 해당 오행으로만 이루어져 있다면, 지지의 글자들은 사정이 조금 다르다. 이를테면 같은 수(水) 오행의 글자라도 하늘에서 내려오는 빗물[癸水]은 오직 깨끗한 물로만 이루어져 있지만, 땅 위를 흘러 다니는 강[亥水] 속에는 물[壬水] 외에도 흙[戊土]이나 식물[甲木] 등이 섞여 있는 것처럼, 지지의 글자들은 그 속에 일부 다른 오행의 성질을 감추고 있다. 그 내면에 감추어진 것들을 보여주는 것이 바로 지장간이다. 단, 인(寅)월과 신(申)월 속의 무토(戊土)는 지장간으로 쓸 수 없으므로 제외한다.

타나면 그것이 곧 격이 된다. 이를 투간(透干)한다고 하는데, 예를 들어 임(壬)이 투간하면 정화에게 임수(壬水)는 정관이므로 정관격이고, 갑(甲)이 투간하면 정인격, 무(戊)가 투간하면 상관격이다.

ex)

시	일	월	연
壬	丁		
		亥	
		(戊甲壬)	

월지 해(亥) 속의 지장간 중 임(壬)이 시간에 투간해 있다. 일간인 정화(丁火)에게 임수는 정관에 해당하므로 정관격이다.

시	일	월	연
	丁		戊
		亥	
		(戊甲壬)	

월지 해(亥) 속의 지장간 중 무(戊)가 연간에 투간해 있다. 일간인 정화(丁火)에게 무토(戊土)는 상관에 해당하므로 상관격이다.

만약, 지장간의 글자들 여러 개가 투간한 경우에는 순서상 오른쪽에 위치한 글자부터 우선권을 가진다.

ex)

시	일	월	연
戊	丁		甲
		亥	
		(戊甲壬)	

무(戊)보다 갑(甲)이 뒤에 있으므로 갑을 격국으로 삼는다. 일간인 정화(丁火)에게 갑목(甲木)은 편인에 해당하므로 편인격이다.

만약, 지장간의 글자 중 어느 것도 투간하지 않았다면 처음에 설명한 자·오·묘·유월 출생자와 마찬가지로 월지 자체를 격으로 삼는다.

ex)

시	일	월	연
乙	丁	丁	庚
		亥	
		(戊甲壬)	

천간에 있는 글자들 중 어떤 것도 지장간의 글자와 같지 않으므로 해(亥) 자체가 격이 된다. 해는 정화(丁火)에게 정관에 해당하니 정관격이다.

세 번째, 외격이나 종격이라 불리기도 하는 특수격이 있다. 이 책에서는 여러 특수격 중에 종격만을 설명하겠다. 종격이라는 것은 사주가 한두 가지 오행으로만 이루어진 경우를 뜻한다. 예를 들어 경금(庚金) 일간이 자월(子月)에 출생했는데, 사주에 금수(金水)의 글자가 주를 이루고, 수를 거스르는 오행이 없다면 이것은 수 상관에 종하는 종아격이 된다.

ex)

시	일	월	연
壬	辛	庚	辛
辰	亥	子	亥

여덟 글자 중 일곱 글자가 금과 수로만 이루어져 있으며, 수 기운과 그것을 돕는 세력만이 왕성하기 때문에 수에 종한다. 시지(時支)의 진토(辰土)는 강한 수의 세력에 휩쓸려 토의 기능을 거의 하지 못한다.

종격의 경우에는 균형은 완전히 무너져 있지만 한 가지 기운에 깔끔하게 몰입되어 해당 부분의 능력치가 비범하게 뛰어난 사주에 해당된다. 종격들은 운세의 롤러코스터를 심하게 타기 때문에 좋은 운에서는 따라올 자가 없을 기세로 승승장구하지만, 나쁜 운에서는 많이 힘들어질 수도 있다. 대한민국 연예계에서 예를 들자면 연예기획사 JYP 대표 박진영과 방탄소년단을 프로듀싱한 방시혁이 금수에 종하는 특수격으로 유명하다. 종격의 천재성을 음악으로 풀어낸 경우라고 볼 수 있겠다. 심지어 이들은 지금까지 대운의 흐름도 좋았으니 타고난 재능에 운까지 따라준 셈이다.

명리는 계절 학문이기 때문에 태어난 계절이 매우 중요하다. 일간을 태어난 계절에 대입해 격국을 찾음으로써, 우리가 어떤 임무를 띠고 세상에 왔는지, 어떤 기운을 주로 사용하려 하는지를 알 수 있다.

용신이란

　명리에 대한 지식이 전무한 사람에게는 이 역시 어려운 개념이다. 용신(用神)이란 녀석은 한자 뜻 그대로 내가 '사용하는 신'이라는 뜻인데, 앞서 설명했던 십성의 또 다른 명칭인 십신(十神)의 신을 말한다. 마치 필살기처럼 자신이 가진 십신 중 가장 중요하고 활용도가 높은 녀석을 용신으로 삼는 것이 일반적이며 용신에 대한 정의는 명리학자마다 조금씩 다르게 내릴 소지가 있다.
　추운 겨울에 태어난 사람은 화(火) 오행의 십성을 용신으로 써서 온기를 보완하고, 여름에 태어나서 덥고 건조한 사주는 수(水) 오행의 십성을 용신으로 써서 조후(調候, 사주의 덥고 춥고 건조하고 습한 상태)를 맞추게 되기 때문에 이런 상황에서 사용하는 것은 '조후용신'이라 부른다. 조후가 이미 갖추어져 있는 경우에는 일간의 강약을 조절해주는 '억부용신'을 사용하게 되는데, 일간이 너무 강하면 일간의 힘을 빼줄 수 있는 관성과 식상, 재성을 용신으로 삼고, 일간이 약하면 힘을 실어주는 비겁과 인성을 용신으로 사용하는 것이 일반적이다. 극소수이지만 여러므로 균형 잡힌 중화사주의 경우에는 용신이 별 의미가 없거나 잡기에 애매한 경우도 존재한다.

　용신을 일상생활에 적용하는 방법에는 여러 가지가 있다. 그 십신에 해당하는 활동을 하거나 인간관계를 가까이하기, 직업으로 삼기, 용신인 오행에 해당하는 마음가짐과 방향, 색깔, 숫자, 음식, 인테리어 등을 생활 속에서 실천하며 살기 등이다. 사주 상담을 하면서 내담자들에게 확인을 해보니 예민하고 촉이 좋은 사람일수록 평소 용신의 기운을 가까이 하며 생활하는 편이고, 절반 정도는 보통, 열 명 중 두어 명은 본인이 절대 가까이 하면 안 되는 것들을 쫓으며 살고 있었다.

　종종 상담 중에 자신의 용신이 무엇인지 하나를 정해달라고 요청하는 내담자들을 만나기도 하는데, 모든 사람의 용신이 반드시 하나만 있는 것은 아니다.

태어난 국가 및 도시, 시간을
정확하게 체크하자

해외 출생자나 외국인도 사주를 볼 수 있는가?

가능하다. 백인이라고 사주를 못 보는 것도 아니고, 동양인이라고 다 볼 수 있는 것도 아니다. 유일한 조건은 반드시 지구 북반구 출생자여야 한다는 점이다. 적도 아래 지역, 즉 호주나 뉴질랜드, 남미, 아프리카 등지에서 태어났다면 그 누구라고 해도 볼 수 없다. 그래서 사주를 볼 때는 태어난 장소(국가와 도시)와 시간을 정확하게 체크해야 한다.

남반구 출생자는 왜 볼 수 없는가? 사주를 볼 수 없는 사람은 무엇으로 운명을 보아야 할까?

명리는 지구 북반구에 위치한 동북아시아에서 만들어진 통계 학문이기 때문에 별자리와 계절이 반대인 남반구에는 적용할 수 없다. 사계절이 존재하는 지역에서 정확도가 높으며, 북반구라 해도 극지방이나 적도 부근처럼 계절 변화가 미미한 지역에서 태어난 사람은 적용력이 떨어진다. 서양의 명리학인 점성학(Astrology)은 지구 어디에서 태어나도 볼 수가 있으므로 남반구 출생자는 점성학으로 상담을 받으시라.

출생 시각은 한국 시간으로 변환해서 보는가, 현지 시간으로 보는가?

당연히 현지 시간이다. 태어나는 그 순간, 그 땅의 계절과 시간의 기운을 받는다. 명리에서 말하는 정확한 출생 시각은 탯줄이 잘려 모체에서 분리된 순간이다. 그래서 병원 시가 너무도 중요하다.

제왕절개 출생자는 사주를 볼 수 없나?

그렇지 않다. 이 질문은 평소에 너무 자주 받아서 대체 어디서 누구한테 그런 말을 듣는지 궁금해질 지경이다. 만약 제왕절개 출생자가 자연적으로 태어나야 할 날이 아닌 다른 날에 태어나서 사주를 못 본다고 주장한다면, 출산 택일을 하는 역술인들은 모두 사기꾼이 되어버린다. 아기가 좋은 사주를 갖고 태어날 수 있도록 미리 날짜와 시간을 골라서 받는 출산택일은 제왕절개 예정자만이 할 수 있기 때문이다. (출산 택일을 받아도 해당 날짜와 시간에 수술하지 못하는 경우가 많고, 때로는 분만일을 미루다 산모를 위험에 빠뜨

릴 수 있기 때문에 나는 하지 않고 있다.) 제왕절개든 자연분만이든 태어난 방식은 중요치 않으며, 누구든 탯줄이 잘린 순간의 연월일시가 사주가 된다.

외국에 나가면 사주가 바뀐다?

사주는 자신의 생년월일시를 의미하므로 죽고 다시 태어나지 않는 이상 어떤 경우에도 변할 수 없다. 태어난 순간 찍힌 증명사진과도 같다고 여기면 된다. 한국과는 기후와 별자리가 다른 외국에 체류 중이라면 그곳의 기운을 받으므로 북동아시아에 있는 것보다는 운의 적용력이 약해진다고 볼 수도 있겠으나 그렇다고 사주의 글자들이 변하거나 타고난 운의 적용력이 0%가 되는 등 전혀 다른 무언가가 되지는 않는다. 지구 어디에 있어도 사주나 점성술 차트는 변하지 않는다.

첫 번째 질문과 관련해 기억해야 할 중요한 부분은 북반구인 유럽이나 미국에서 출생했더라도 해당 도시의 서머 타임 적용 여부와 절기 및 절입시각 등을 꼼꼼히 따져야 한다는 점이다. 국가별 도시별로 서머 타임 시행 여부도 모두 다르고, 30년 전에는 몇 년 동안 시행했다가 지금은 하지 않는 곳도 있다. 이런 부분을 내담자들은 당연히 잘 모르기 때문에 사주 상담가가 직접 찾아야 하는데, 유감스럽게도 출생 국가와 도시를 제대로 확인하지 않는 사주 상담가들이 대부분이다. 예전에 나에게 사주 상담을 신청했다가 출생지가 뉴질랜드인 것을 확인하고 상담을 해드릴 수 없다고 말했더니 놀라며 다른 곳에서 여러 번 사주 상담을 받았다고 말한 내담자가 있었다. 그동안 남의 사주로 상담을 받아온 것이다.

이렇듯 운명학 상담은 정보의 정확도가 최우선이다. 귀중한 시간과 비용을 들여 상담을 받으면서 가장 기본적인 것을 틀리면 모든 것이 허사가 된다. 글로벌한 시대를 살면서 한국말 하는 동양인이면 모두 한국에서 태어났을 거라고 쉽게 단정 짓는 것도 문제지만, 국내에서 태어났더라도 도시마다 분 단위로 차이가 있기 때문에 방심해선 안 된다. 가령 1시 반이나 3시 반처럼 시간이 바뀌는 경계에서 태어난 내담자들은 1분 단위로도 팔자 중 글자 두 개가 바뀌기 때문에 반드시 정확한 분과 출생지를 알아야 한다. 그래서 나는 상담 예약을 받을 때, 미리 양력 생년월일과 분 단위까지의 시간을 숫자로 기재해달라고 부탁한다. 상담 테이블에 앉은 뒤에서야 허둥지둥 찾거나 어머니에게 전화를 걸어서 확인하는 시간 낭비를 줄이기 위해서이기도 하고, 간혹 "축시(새벽 2시)입니다"라고 말해놓고 나중에 확인해보면 오후 2시(미시)에 태어났다고 하는 경우도 있기 때문이다. 명리 아마추어인 내담자들의 말을 곧이곧대로 믿을 수는 없는 노릇이다. 운명학 상담가는 어떤 부분도 대충 넘어가선 안 된다. 프로페셔널은 섬세함으로 완성된다.

[준비 수업] 사주 풀이의 기본

1장

평범하게
우울한 당신에게

인간은 영혼이 슬프면 병균에 의해 죽는 것보다 더 빨리, 훨씬 더 빨리 죽게 된다.
- 존 스타인벡, 『찰리와 함께한 여행』(1962)

수가 많으시군요

　우울증은 마음의 감기라고도 불리지만 사실은 그보다 지독한 고질병이나 불치병이 되기도 하고, 사람을 죽음으로까지 내몰 수도 있는 변화무쌍한 마음의 병이다.
　우울감과 가장 관계가 깊은 오행은 사람의 지혜와 생각을 담당하는 수(水)다. 사주에 수가 적당히 발달한 경우에는 현명한 사람이지만, 과다하게 되면 생각이 지나쳐 만성적인 우울감에 시달리거나 불면증을 호소하는 경우가 흔하게 목격된다. 더욱이 수가 약간 과다하더라도 태어난 계절이 여름이거나 사주에 온기가 있으면 커다란 문제는 없지만, 겨울에는 수가 많으면 많을수록 눈보라가 휘몰아쳐 꽁꽁 얼어버린 사주가 되기 때문에 단점이 더 따를 수밖에 없다. 명리는 조후 학문이기에 한난조습(寒暖燥濕), 쉽게 말해 사주의 온습도를 따진다. 그래서 여름에는 상대적으로 시원하고 수분이 많은 사주가 좋고, 겨울에는 따뜻한 사주가 이상적인 조건에 가깝다고 볼 수 있다.

수가 많은 이들은 모두 생각이 깊다. 생각이 많은 사람은 신중한 대신 결정이 늦고, 행동력이 떨어지는 단점이 있다. 또한 사주에 온기가 부족하면서 수 기운이 강하면 자연히 생각의 방향이 긍정적인 쪽보다는 어둡고 염세적인 쪽으로 흐르게 되어 있다. 어떤 느낌인지 감이 잘 안 잡히는 사람은 니체나 쇼펜하우어 같은 철학자들의 이미지를 상상하면 되겠다.

그렇지만 어쩌면 생에 대한 통찰력은 염세주의에서 나오는지도 모를 일이다. 심리학에서도 이미 인정한 바 있듯이 사실 우울한 사람들은 정신적으로 문제가 있는 사람들이 아니라 지극히 객관적이고 현실을 온전히 직시하고 있는 사람들이다. 인생에는 대단히 의미 있고 행복한 순간보다 귀찮고 무의미하거나 고통스러운 시간이 더 많은 것이 진실이기 때문이다. 오히려 근거 없는 자신감으로 매사를 막연히 긍정적으로 생각하거나 자기 객관화가 안 되는 이들이야말로 비현실적인 사람들인데, 대다수의 인간은 어느 정도 그렇게 하지 않으면 불안과 무력감을 견디기 어렵기 때문에 일종의 자기 보호 시스템이 자동으로 작동한다. 세상을 자신에게 유리한 쪽으로 조금 각색해주는 렌즈와 필터를 눈과 뇌에 장착하고 살아가는 것이다. 이것은 멘털 관리와 더불어 조금이라도 행복한 감정을 더 느끼는 데에는 분명 도움이 되지만 정도가 지나치면 소위 말하는 '정신 승리'의 달인이 되어버린다. 그에 비하면 우울한 이들은 너무도 제정신이라 행복한 바보는 절대로 될 수 없는 사람들인 것이다.

수가 과다한 사람들 중에서도 가장 위험한 케이스는 자신의 일간이 수가 아니면서 수 오행이 과다한 이들이다. 이들은 '물속에 빠져 있는 사주'라는 표현이 붙을 정도로 생각에 푹 잠겨 있으며, 감정적으로도 쉽게 센티멘털해진다. 최악의 경우에는 우울증이 정신분열증이나 자살로 번지기도 하므로 정신 건강에 각별히 신경을 쓸 필요가 있다. 그래서 수라는 오행은 보통 사람에게는 너무 많은 것보다는 차라리 조금 부족한 편이 안전한 것 같다. 수다자(水多者)들은 운에서 중첩되어 나쁜 시너지 효과가 일어나는 시기와 잠 못 드는 새벽, 또 매년 겨울을 특히 조심해야 한다. 겨울은 수의 계절이며, 밤은 하루 중 음기와 수 기운이 가장 강한 시간이기 때문에 새벽에 깨어 있는 것은 우울감을 더욱 증폭시키는 효과를 가져오기 때문이다. 여기에 슬픈 음악까지 들으면 설상가상이다.

사주에 많은 것과 하나도 없는 것은 비슷한 부작용을 가져오는 경향이 있어 수 오행이 하나도 없는 사람이나 단 하나뿐인 수가 망가져 있는 경우에도 역시 우울증이 발생한다. 수 과다형의 우울증(또는 조울증)이 우울감에서 벗어나기가 좀처럼 쉽지 않고 축축 처지는 우울증이라면, 반대의 경우는 정서적으로 메마르고 막연한 불안함을 느끼는 우울증에 해당한다. 후자의 경우는 수 기운에 해당하는 활동을 함으로써 보충하거나 도움을 받을 수 있으며, 심리 치료나 사주 상담을 받는 행위도 이 범주에 해당한다. (그래서인지는 몰라도 나의 내담자들 중에는 원국에 수가 없는 분들이 유독 많다.) 이런 사람은 사주에 수가 발달한 사람을 연인이나 친한 친구로 두는 것도 방법이라면 방법이 될 수 있다.

수다자들의 경우에는 일찍 자고 일찍 일어나며, 억지로라도 야외에 나가 햇빛을 자주 받고, 주기적인 여행이나 몸을 움직이는 활동적인 취미 생활 등을 함으로써 극복하는 것이 좋은데, 정작 이 글을 쓰고 있는 나도 아는 만큼 실천하지는 못하고 있다. 우울증이 무서운 이유는 반드시 몸을 움직여야 나아지지만 장기화될수록 무기력증을 동반하는 경우가 많아 점점 더 움직이지 못하게 되기 때문이다. 그렇게 벗어날 수 없는 뫼비우스의 띠 안에 갇힌 것과 같은 느낌이 들 때, 반복되는 서클의 어느 지점을 끊어주어야만 녀석에게 영혼을 좀먹히지 않을 수 있다.

수다자이면서 만성 '우울이'인 내가 다른 우울이들에게 꼭 해주고 싶은 말 한 가지는 우울한 순간에도 스스로를 잘 대접하라는 것이다. 우울이란 녀석이 나보다 거대한 존재감으로 다가와 나를 잠식하려 들 때에도, 오랫동안 나락으로 떨어진 듯한 느낌에 사로잡혀 있을 때에도 마지막 순간에 내 손목을 잡아 끌어올려준 것은 내가 나를 아낄 줄 아는 사람이라는 사실, 오직 그것이었다.

운명학이라는 것은 태어나는 순간부터 절반, 혹은 그 이상의 이미 정해진 틀을 보여주기 때문에 안타깝게도 약점으로 타고난 것을 우리 뜻대로 180도 바꿀 수는 없다. 즉, 완치란 없을 수도 있다. 허나 중요한 것은 증상과 함께 살아가는 방법이다.(어떻게 보면 선천적으로 타고난 기질을 병으로 봐야 할지도 의문이다. 히포크라테스는 기질론에서 사람의 네 가지 기질 중 하나를 우울질로 분류한 바 있다. 좋고 나쁨은 없으며, 각각의 기질마다 강점과 약점이 존재할 뿐이다.) 우울한 사람이 그런 자신의 모습을 받아들이고 그것에 걸맞은 삶의 방식을 찾는다면, 삶을 대하는 그의 태도만큼은 긍정적인 것이라 생각한다.

사람은 누구나 없는 것을 쫓는다

나와 20년 지기인 한 친구는 생각한 것과 말한 것을 반드시 실행으로 옮기는 나의 성격을 언제나 부러워한다. 뿐만 아니라 인간관계에서도 해악이 된다 판단되는 사람은 과감하게 절연하는 내 모습을 보면서 자신은 아무리 불편한 상황이 와도 절대로 할 수 없는 일이라고 말하기도 한다. 친구는 평소에 모질지 못하고 우유부단해서 난처한 상황에 놓일 때가 많고, 그런 성격으로 인해 종종 손해를 보는 타입이다.

보통 이런 경우를 두고 사람들은 '마음이 약해서 그렇다'거나 '정에 약하다'와 같은 표현을 쓰지만, 명리학적으로는 사주에 금(金)이 없는 경우에 주로 발현되는 특징이다. 금의 속성이 부재하다보니 결단력이 떨어지고 맺고 끊음이 없어 좋게 말하면 '사람 좋은' 캐릭터로 보일 수도 있지만 나쁘게 말하면 물러터졌고 남들 눈에 호구로 비치기 쉬운 타입인 것이다. 그래서 이런 이들은 자신보다 강한 성격과 결단력을 지닌 사람에게 매력을 느껴 친구나 배우자로 맺어지기 쉬우며, 어떻게 보면 반대되는 성격의 타인을 통해 자신의 부족한 면을 채운다고도 볼 수 있다.

상담 때 내담자들이 자신에게 없는 오행이나 십성을 많이 가진 사람을 부러워하는 모습을 보면 종종 엄마 미소가 지어지곤 한다. 사실 많은 것은 많은 대로 단점이 수반되기 때문에 무엇이든 적당히 있는 것이 가장 좋다. 오행이든 십성이든 부족한 것에 대한 갈망은 그 누구도 피해가지 못한다. 예로 든 친구처럼 사주에 금이 없는 이는 금 기운이 발달한 이의 결단성을, 토가 없는 이는 토 기운이 발달한 이의 안정감을 탐낸다. 십성의 관점에서 바라본다면 관성이 없는 사람은 관성다자의 절제력에 감탄하고, 재성이 없는 사람은 재성다자의 센스를, 식상이 없는 사람은 식상다자의 표현력을 동경한다.

이처럼 사주에 없는 것을 무자(無字)라 부른다. 사람은 모두 무자에 집착하게 되어 있다. 모든 오행을 다 가진 사람도 있긴 하지만 그런 사람일지라도 자신이 가진 오행과 십성 중 가장 약한 글자에 집중한다. 자신이 가진 것에는 무관심하거나 가치를 모르고, 없는 것만을 바라보고 쫓는 것이 어리석은 인간의 심리이기 때문이다.

명리는 중용의 도를 따르기 때문에 많은 것 또한 없는 것과 마찬가지로 부작용이 따르지만 사람의 마음이란 어쩔 수 없는 면이 있다. 무자에 대한 간절함은 궁합과 직업 상담에서 여실히 드러난다. 원국에 수가 없는 사람은 수 일간이거나 사주에 수가 많은 사람에게 이끌리고, 화가 없는 사람은 화 일간과 화 기운이 발달한 사람에게 끌리게 마련이다. 그래서 애인이나 배우자를 선택할 때 자신과 비슷한 사람보다 자신에게 없는 것을 보완해줄 사람을 찾기 때문에, 없거나 반대되는 성질을 가진 상보성의 인자가 크게 작용한다고 볼 수 있다.

반면 직업 상담에서는 자신의 사주에 많은 것을 쓰는 직업과 없는 것을 쫓는 직업, 용신에 해당하는 직업군 등 다양한 양상을 보이는 편이다. 그러나 역시 가장 좋은 것은 자신에게 많은 것을 쓰는 동시에 없는 것을 얻을 수 있는 직업이다. 만약 많은 것을 쓰는 것과 없는 것을 쫓는 것 둘 중 하나를 택해야 한다면 나는 전자를 추천한다. 그 둘의 차이는 결국 자신이 잘하는 일과 좋아하는 일을 하는 것의 차이인데, 좋아하지만 잘하지 못하는 일을 하는 것보다는 타고난 재능을 직업으로 삼는 것이 수월한 길이기 때문이다.

인생이 운빨이라니

'인생은 운빨'이 맞다. 단순히 되고 안 되고를 말하는 50대 50의 운에 대한 이야기가 아니다. 명리에는 여섯 가지 운이 있다. 각자의 사주에 맞춤형으로 들어오는 10년 주기의 대운과 5년짜리 소운, 매년 찾아오는 세운(1년운), 매달 바뀌는 월운과 우리가 흔히 '일진'이라 부르는 일운에 시간운까지. 이 모든 운들이 톱니바퀴처럼 맞물려 돌아가면서 매 순간마다 우리의 운을 완성한다.

어차피 완벽한 구성에 가까운 사주는 매우 드물기 때문에 부족한 사주여도 대운의 전반적인 흐름이 사주를 보완해주는 쪽으로 흐른다면 원래 그 사람이 가진 역량보다 더 훌륭한 결과를 얻으며 승승장구하는 삶을 살게 된다. 이렇게 인생의 시기마다 운이 받쳐주는, 말 그대로 '운 좋은' 이들이 가끔 있다. 주변 사람들이 볼 때 '어떻게 쟤가 저 학교에 붙었지?' 내지는 '떨어질 줄 알았는데, 저 회사에 입사하다니' 하는 생각이 드는 이들이 바로 그런 사람들이다. 스스로도 운이 좋다고 여기든 자신의 능력이 출중하다고 믿든 평균 이상의 행복한 삶을 살게 된다.

반대로 영리하고 재능 있는 사주를 타고났지만 대운의 흐름이 불리한 사람은 당연히 될 것 같은 일도 잘 안 되는 경험을 거듭하면서 '나는 능력 있고 괜찮은 사람인데 왜 이럴까?' 하는 생각에 세상을 향한 원망과 슬픔에 빠지게 된다. 반복적으로 학습된 불운과 패배감으로 인해 우울증의 단계로 진입하는 것도 시간문제다. 나는 재능을 인정받지 못하는 인재만큼 슬픈 것도 없다는 생각을 할 때마다, 생전 단 한 점의 그림도 팔지 못했던 화가 반 고흐의 명식(命式)을 떠올린다.

고흐는 1895년 3월 30일생으로 병화(丙火) 일간이다. 본래는 밝고 환한 성격을 가져야 하는 병화임에도 10대부터 초년 대운이 약 30년간 수(水) 운으로만 흐르면서 불운과 우울증의 늪에서 벗어나지 못했다. 30대 후반에 사망했으니 평생 불리한 운만 살다 간 셈이다. 그래서 운이 지지리도 나쁜 사람의 표본이자 우울증에 시달릴 만한 조건까지 세트로 갖춘, 너무나 안된 명식이라 할 수 있겠다. 최소한 고흐의 사주를 이해하는 사람이라면 그가 우울증과 정신병에 시달린 인생을 살다 간 것에 대해 연민의 감정을 느낄지언정, 그의 불행이나 괴팍한 성격이 모두 그의 탓이라고 매도할 수는 없을 것이다.

그러니 인생에서 벌어지는 모든 일들에 대해서 너무 자책할 필요도, 너무 우쭐할 필요도 없다. 운명이란 녀석은 가혹하다. 길운이 들어올 것에 대비해 준비가 되어 있는 사람에게는 '잭 팟'이 터지지만, 불운을 알고 있다 해서 완전히 피해갈 수는 없다. 자신의 운을 볼 수 있는 나 같은 사람도 힘든 시기를 아무렇지 않게 넘기지 못한다. 매번 알고도 당하는 그 기분이란 언제나 씁쓸한 무력감마저 동반한다. 우리가 할 수 있는 것은 심리적인 대비와 벌어질 수 있는 나쁜 일의 규모를 최대한 줄이기 위한 노력뿐이다.

'노오력'이 부족합니까?

나는 '노력으로 안 되는 일은 없다' 같은 무모한 소리를 싫어한다.

아무리 죽도록 노력해도 안 되는 일은 반드시 있다. 노력해도 잘되지 않는 일은 결국 자신의 역량에서 감당이 되지 않거나 본성을 거스르는 일이라는 뜻이다. 자신의 단점과 약점을 노력으로 만회하는 것은 권장할 만한 일이지만, 타고난 성향과 완전히 반대되는 행동을 장기적으로 해야 하거나 그런 직업을 갖고 살아가는 일은 소위 '암 걸리는' 결과를 초래한다. 인간의 몸은 유기체이기 때문에 정신적 고통은 시간이 길어질수록 육체적 질병으로 전이될 확률이 높아진다. 극한의 고통을 견뎌 원하던 것을 얻었지만 몸과 마음에 병이 들어 건강을 잃었다면 그 무슨 소용이 있겠는가. 그리고 그런 삶이 과연 행복한 것일까?

나 같은 명리학자의 입장에서는 타고난 재능이 전혀 없이 지독한 노력만으로 무언가를 얻었다는 말만큼 무식하게 들리는 소리도 없다. 인간에게는 선천적 재능과 어느 시대에 태어났느냐가 압도적인 영향을 미친다. 잔인하게 들릴지 몰라도 노력은 재능을 이길 수 없다. 재능 있는 자가 자각하지 못했고 노력하지 않는다면 그보다 덜한 재능을 가지고 열심히 노력하는 자보다 못할 수도 있겠지만, 만약 그 둘이 비슷한 시간과 에너지를 투자했다면 승자는 당연히 더 큰 재능을 타고난 자다. 누군가 크게 성공했다면 분명 선천적으로 타고난 재능이 있고, 운이 따라주어 그것을 펼칠 만한 시대적 배경과 기회 및 사회적 지원이 있었기에 가능했던 것이다. 그러니 모든 것이 열심히 산 자신의 힘만으로 이루어졌다고 믿는다면 그것은 오만한 착각에 불과하다.

  한국의 경우 지난 100년 사이에 너무나 급격한 변화를 겪어온 여러 세대가 함께 살아가고 있는 까닭에 세대 간 의식 차이가 다른 나라에 비해서도 굉장히 큰 편에 속한다. 전쟁과 가난을 겪은 노인 세대와 고성장 시대를 거친 중장년층과 N포 세대가 되어버린 현재의 2030을 비교해보더라도 가치관의 간극을 좁히기란 거의 불가능하다. 특히 고성장 시대에 청년기를 맞이해 낮은 경쟁률로 4년제 대학에 입학하고, 대학을 졸업하면 대기업에 입사해서 평생직장을 보장받았던 베이비부머 세대는 결혼이나 내 집 마련 등이 훨씬 수월했기 때문에 그 자식 세대보다 훨씬 희망찬 젊은 날을 보냈다. 이 모든 것은 우연이 아니다. 가령 베이비부머 세대의 끝자락인 1964년 출생자들의 사주를 보면, 1964년은 갑진년(甲辰年)으로 연주(年柱)에서부터 성취가 유리한 글자들로 구성이 되어 있다. 시대의 흐름이 이미 다른 것이다. 그러므로 윗세대의 '노오력만 하면 무엇이든 이루어진다'는 세뇌는 젊은이들에게 상대적 박탈감과 열등감 외에는 아무것도 가져다주지 못한다.

  알랭 드 보통의 저서 『불안』에 이런 내용이 나온다. 현대인은 자신의 성공과 실패를 고스란히 혼자만의 몫으로 감당하고 책임져야 하기 때문에 중세 시대 농노보다도 불행한 삶을 살고 있다고. 사실이다. 그러나 우리는 이 커다란 우주 속에 부유하는 아주 작은 먼지 같은 존재임을 기억해야 한다. 이 거대한 세계 속에서 우리 개인이 바꿀 수 있는 것은 많지 않다. 누군가에게는 자신의 그릇의 크기를 알고 받아들이는 일조차 쉽지 않겠지만, 우리가 살아가면서 겪는 모든 일들은 좋은 일도 나쁜 일도 전부 우리 자신만의 탓은 아니라는 걸 알면 조금은 덜 불행해질지도 모르겠다.

없으면 있는 척

명리학은 매우 복잡한 학문이다. 단지 이론을 열심히 머리에 주입한다 해서 단시간에 깨달음이 오는 학문도 아니며, 기본적인 이론에 통달했다고 한들 좋은 스승과 수많은 임상에 대한 공부 없이는 오늘 처음 만난 사람의 사주를 1~2분 만에 스캔해서 간명(看命)해주기가 불가능하다. 그래서 온라인에 떠도는 토막 자료들로만 공부한 사람은 상담 중에 자꾸 이상한 질문을 하는 통에 괜한 어려움만 생기는 경우가 종종 있는데, 가장 문제가 되는 것은 역시 단식(單式) 판단이다.

이를테면 가장 흔한 것이 사주원국만 보고 관성이 없는 여성은 직업과 남편이 없고, 재성이 없는 남성은 여자도 돈도 없다고 판단하는 경우다. 심지어 사주 상담을 업으로 삼은 이들 중에서도 초보자들은 여성에게 식상이 없으면 자식이 없고, 식상이 많으면 자식이 많다고 해석하여 식상 과다로 신약한(사주에 식상이 너무 많아 일간이 약한) 여성에게 "당신은 자식을 꼭 낳아야 하고, 많이 낳을 것이다"라는 황당무계한 소리를 하는 경우가 있다. 이는 전혀 맞지 않는 이야기이다. 그런 식이라면 인성이 많으면 어머니가 여럿이고, 인성과 재성이 둘 다 없는 사람은 모부 없이 알에서 태어난 사람인가?

사주에 없다는 것은 명주(命主, 사주의 주인)에게 그 부분이 약하다는 의미가 된다. 없는 오행과 십성에 해당하는 성질이 부족하고, 그 부위의 건강이 약하며, 그 십신에 해당하는 가족관계가 명주의 인생에 커다란 영향을 미치지 않을 수도 있다는 말이다. 없는 것은 자신의 인위적인 노력으로 커버하는 수밖에 없다. 누차 말하지만 타고난 사주는 그 무엇으로도 바꿀 수 없기 때문이다.

사주에 없는 것을 순수하게 자신의 의지만으로 채우는 방법이 하나 있다. 나의 사주를 예시로 들어 설명해보자면 다음과 같다. 내게는 비겁과 관성이 없다. 사주에 단 하나도 없는 오행은 화뿐이지만, 엄밀히 말해 일간 외에는 같은 오행이 없으니 십성으로 치면 비겁도 없는 셈이다. 그럼 이러한 사주를 갖고 태어난 내가 해야 하는 일은 무엇일까?

바로 없는 비겁과 없는 관성이 있는 척하는 것이다. 여기서 말하는 '있는 척한다'는 가식적인 행동을 의미하지 않는다. 스스로를 세뇌하듯이 내게 그것이 있다고 생각하고 나에게 없는 비겁과 관성의 마음을 언제나 기억하는 것이다. 독립심과 타인의 입장에서 역지사지하는 마음, 예의 바른 말과 행동, 책임감 있는 생활 습관, 법과 윤리를 준수하려는 태도, 화가 나는 상황에서도 최대한 참고 절제력을 발휘하는 등, 선천적으로 없는 것들을 노력으로 갖춤으로써 중용의 길에 가까워지고, 이를 통해 자신을 더 나은 사람으로 만들고자 하는 것이다.

나는 사람이 자신의 사주를 알아야 하는 가장 큰 이유가 바로 이것이라고 생각한다. 인간은 자기 자신에게 객관적이지 못하기 때문이다. 자신의 부족한 점을 알고 개선하도록 노력할 때, 우리는 타고난 운명을 뛰어넘을 수 있는 가능성을 갖게 된다.

결핍을 대면하는 자세

사람은 다 가질 수 없다. 십성은 10개지만 사주팔자는 말 그대로 8개의 글자[八字]밖에 채우지 못한다. 오행은 5개니 모자란 오행 없이 다 가진 사람도 있지만 십성은 그럴 수 없다. 종류별로 하나씩 가져도 2개는 반드시 모자라게 되어 있는 것이다. 그것은 인간이란 존재는 어떤 경우에도 완벽할 수 없음을 나타낸다.

각자의 결핍된 것에 대하여 사람마다 받아들이는 방식은 천차만별이다. 반복되는 패턴을 통해 어떤 부분이 부족함을 깨닫고, 겸허히 받아들이고 강점에 집중하며 즐겁게 살아가는 사람이 있고, 끝없이 부족한 것에 집착하며 불평하는 사람이 있다.

예를 들어 신체 건강하고, 대인관계에 큰 문제가 없고, 경제력도 있는데 애정운 하나만큼은 상당히 안 좋은 명주가 상담을 와서 연애 문제로 하소연하는 경우가 많지만, 오히려 그럴수록 인생에서 연애와 결혼의 중요도를 낮추는 쪽이 본인에게 이롭다. 그리고 현실적으로 냉정하게 판단했을 때, 한국에서는 다른 것들이 모자란 것보다 그 편이 더 낫다고 볼 수도 있다. 자본주의가 장악한 세상에서 연애는 안 해도 죽지 않지만, 돈이 없으면 살지 못한다. 아니, 이제는 돈이 없으면 연애도 결혼도 할 수가 없다. 사랑 하나만 갖고, 몸 아프고 일도 못하고 가난한 삶을 상상하면 조금은 정신을 차릴 수 있을 것이다. 그러니 가진 것에 감사하는 마음을 가져야 한다.

2장

'여자 팔자' 다시 쓰기

깊게 생각하고 헌신적으로 참여하는
절대소수의 시민이 세상을 바꿀 수 있다는 사실을 절대 의심하지 말라.
실제로 이 세상은 그런 소수에 의해서 바뀌어왔다.
- 마거릿 미드

여자 팔자 중 가장 나쁜 사주 : 무관 사주

온라인 포털 사이트에서 사주명리에 대해 검색을 하다보면 유독 여성의 사주팔자에 대해 이렇다 저렇다 하는 말들이 참 많다. 그중에서 여자 팔자에서 가장 나쁜 것 중 하나로 취급되는 무관 사주 이야기를 해보자.

온라인에 떠도는 명리에 대한 정보들 중에는 낭설이 워낙 많기도 하지만 내가 유독 괴로운 순간은 관성이 없는 여성은 남자랑 인연을 맺는 게 힘들고 남편도 없다는 식의 단순무식한 통변을 접했을 때다. 사주에 글자가 드러나지 않았다고 해서 삶에서 그 존재가 없는 것은 아니며 때로는 있으면서 상태가 좋지 않은 것보다는 깔끔하게 없는 쪽이 나은 경우도 있다. 아예 없는 것은 그 부분의 부족함과 미약함을 상징할 수 있으나 있으면서 망가진 것은 평생에 걸쳐 인격이나 건강, 관계 등에 악영향을 미치게 되어 있다. 관성 역시 마찬가지이다. 하나 있는 관성이 고립되어 있거나 깨져 있는 사람보다는 차라리 무관성 사주가 낫다.

관성은 그 옛날 '관직에 나아간다'는 표현에 해당되는 그 관이다. 즉,

안정적이고 남들이 부러워할 만하고 사회적으로 보호받으며 명예가 있는 직업을 의미한다. 한국은 아주 옛날부터 관의 나라였고, 성리학과 유교 문화가 자리를 잡으면서 그 체계가 더욱 공고해졌다. 아무리 현대사회가 자유로운 식상의 시대로 바뀌었다 한들 그것은 SNS의 발달 현상과 극소수의 유명한 예술가나 연예인들의 경제활동에나 적용되는 이야기일 뿐, 한국은 여전히 관성의 사회가 맞다. 대표적인 식상의 사회인 미국이나 똘레랑스의 사회 프랑스 같은 국가에서는 악동 이미지에 트러블 메이커인 연예인들도 인기를 유지하지만 한국에서는 정상에 있는 연예인일지라도 관을 무너뜨리는 행동을 함으로써 구설수에 오르면 추락하는 건 한순간인 것이 바로 그 증거다. 특히 여성 배우나 가수들은 외모가 조금 망가져도 자기 관리를 못한다는 질타가 쏟아지고, 열애설만 터져도 광고주들이 외면하는 등 식상을 사용하여 성공한 연예인들에게조차 관성을 요구하는 것이 한국 사회다. 만약 패리스 힐튼이나 나오미 캠벨이 한국에서 태어났으면 욕만 먹다 만신창이가 됐을 것이다.

한국인들이 대기업 종사자나 공무원 등의 직업을 선호하는 이유도 다 생존을 위한 본능적인 몸부림이다. 과거시험을 보고 급제를 하여 벼슬을 하고 국가로부터 죽을 때까지 녹봉을 받는 것이 양반 계급의 '워너비' 출세 코스였던 것처럼, 2019년에도 이 땅에 살고 있는 대부분의 사람들은 여전히 국가시험을 통해 공무원이 되고 연금을 받는 삶을 가장 안전한 것으로 여긴다. 물론 요즘은 반드시 국가기관이나 공기업이 아니더라도 이름 있는 대기업 정도면 관으로 봐야 한다.

책임과 의무, 권리가 모두 함께 주어지는 감투를 쓰고 관복을 입는 바로 그 '관'이 없는 무관 사주들은 위계와 서열이 엄격한 조직 생활을 견디는 것이 어렵다. 그렇다고 해서 모든 무관 사주가 직장 생활을 하지 못하는 것은 아니지만 관성이 있는 사람보다야 고통과 인내가 더 따르곤 한다. 한국 사회에서 그 어떤 유형의 사주보다 생존이 어려운 이유도 그 때문이다. 무관 사주는 다수의 사람들이 따르고 복종하는 보편적인 룰에 까닭 없이 순응하지 않는다. 다들 굳이, 또는 깊게 생각해보지 않은 어떤 규칙들에 대해서 '대체 내가 그걸 왜 해야 하지?'라는 의문을 품거나 자신의 기준에서 합당치 않다고 여기면 쉬이 스킵하고 지나가기도 한다. 그래서 무관 사주인 사람에게 어떤 일이 반드시 해야만 하는 무언가라는 인식을 심어주려면 '남들도 다 하기 때문에 너도 따라야 한다'가 아닌, 합리적이고 논리적인 이유가 뒷받침되어야 한다. 한국 남성들이 무관 사주 여성을 공포스러워하는 가장 큰 이유도 바로 이 때문이다. 가부장제가 굳건한 사회에서 식민지 남성성에 절어 있는 한국 남성들에게는 순순히 전통적인 여성상에 얽매이기 싫어하고 자신이 대답할 수 없는 것들에 대하여 정당한 이유를 묻는 무관 사주 여성이 언제 어디로 튈지 모르는 불안 요소이자 아내로 삼기에는 너무 위험해 보이는 대상일 수밖에 없을지도 모르겠다.

그럼 세간에 퍼져 돌아다니는 무관 사주 여성에 대한 몇 가지 설들을 어디 한번 짚어볼까?

❶ 남자 복이 없다. 사주에 남자를 의미하는 관이 없으니 인생에 남자가 없다.

응, 시작부터 헛소리임을 밝히고 넘어간다. 그래, 물론 누군가에게는 남자가 관일 수도 있다. 그래도 헛소리인 것은 변함이 없다. 이것은 무관 사주의 당사자인 내가 보증한다. 왜냐하면 역술인들이 연애 운을 가

늘하기 가장 힘든 사주가 바로 무관 사주이기 때문이다. 언제 생길지, 얼마나 생길지 대중이 없다. 아예 없을 수도 있고, 늘 끊이지 않을 수도 있다. 나 역시 유명하다 하는 사주 상담가 선생님들께 내 사주를 보여준 적이 몇 번 있으나 그들 중 누구도 나의 연애 운을 정확하게 맞힌 사람이 없었다. 일부러 내 연애 히스토리에 대해 아무 말도 하지 않고 어떠냐 물으면 다들 앵무새처럼 '이 사주는 좋은 남자 만나기 힘들고, 아예 남자랑 인연을 맺는 것 자체가 어렵다'고만 반복적으로 말했다. 그런데 나는 10대 때부터 최근까지 거의 1년도 쉰 적이 없이 평생 연애를 해온 사람이고, 주변에 나보다 연애를 많이 한 사람은 없다. 게다가 내가 사귀었던 사람들 대부분이 한국 사회의 보편적인 기준으로 볼 때 좋은 직업을 가졌고, 나에게 헌신적이었다. 여성의 관성을 남자로만 해석하면 이런 웃지 못할 해프닝이 발생한다.

❷ **남자를 보는 눈이 없다.**

가능성 면에서는 맞지만, 잘못된 표현이다. 무언가가 없다는 것은 정해진 형태가 없다는 뜻이기 때문에, 이상형이 없다는 말이 된다. 이상형이 없으니 애인을 사귈 때 특별히 정해진 조건을 따지지 않고, 그 말은 곧 사람이 순수하다는 의미도 된다. 조건을 우선으로 따지는 건 여자, 남자 할 것 없이 관이 발달한 사람들이 하는 행동이다. 이상형이 없으니 느낌이 끌리면 만나고, 그러니 여러 유형의 사람과 사귈 가능성이 높고, 그 과정에서 별의별 사람을 다 만날 수 있다. 한마디로 남들이 보기에 별로인 사람이라도 내가 마음에 드는 구석이 있으면 무관 사주는 주변의 시선을 개의치 않고 만난다는 말이다. 그래서 때론 남들 입장에서 보는 눈이 없다는 소리가 나올 수 있다. 즉, 무관 사주이기 때문에 만나는 남자마다 다 별로거나 보는 눈이 없는 것이 아니라 인과관계를 뒤집어 해석함이 옳다.

❸ **남자를 존경하지 않고 우습게 본다. (그래서 좋은 남자를 못 만난다.)**

　나는 이 말을 들을 때마다 박장대소를 한다. 그리고 나서 한 가지 근원적인 질문을 먼저 던진다. 대체 왜 여자가 남자를 '존경'해야 하는지 말이다. 마치 남자는 남자로 태어났다는 그 사실만으로도 여자에게 존경받아야 하는 게 당연해서, 그 당연한 걸 지키지 않는 무관 사주 여자 너는 벌을 받을 것이다, 뭐 그런 느낌이라서 터져 나오는 웃음을 도저히 참을 수가 없다. 그리고 모든 인간은 평등하다는 사실을 2019년에도 상기시켜주어야 한다는 사실이 다소 충격적이기까지 하다. 성별에 관계없이 내가 갖지 못한 장점이나 존경할 만한 부분을 지닌 사람과 가까운 친구나 연인이 되고 싶어 하는 마음은 누구나 품을 수 있지만, 한쪽 성별이 일방적으로 존경해야 한다는 생각은 정신개조를 받아야 하는 수준이 아닌가 싶다. 본인이 고추 달고 태어났다는 이유만으로 무조건 여자들에게 존경받아야 한다는 생각을 가진 남자가 과연 좋은 남자이긴 한 건지부터 생각해보자.

❹ **예의가 없고, 무질서하며, 남을 의식하지 않는다.**

　관성은 직업 외에도 사람의 자기 제어 능력을 의미하기도 하기 때문에 이런 편견이 있다. 그래서 '대중교통에서 화장하는 여자는 반드시 무관 사주다. 왜냐면 남의 시선을 신경 쓰지 않기 때문이다'라는 식의 이야기도 쉽게 접할 수 있는데, 바로 이 지점에서 얼마나 명리를 단식 판단하는 경우가 많은지 알 수 있다. 물론 무관 사주가 관이 있는 사람보다 타인의 시선을 덜 신경 쓰는 것은 사실이지만 무관 사주라는 특성 하나만으로 예의 없음을 단정 지을 수는 없다. 같은 무관이라는 조건이어도 사주는 그 모양새가 천차만별이다. 누군가는 귀엽고 조신해 보이는 정인격의 무관 사주일 테고, 누군가는 꼼꼼하고 계산적인 정재격의 무관 사주, 누군가는 화끈하고 기분파인 편재격의 무관 사주, 그리고 무관의 색채가 가장 짙은 상관격의 무관 사주도 있으니 말이다. 거기에 성장 배경이나 교육 수준 등도 당연히 영향을 미친다. 관이 없다고 해서 무작정 제멋대로 구는 것이 아니며, 때로는 다른 육친이나 오행이 관의 역할을 대신하기도 한다.

❺ 이혼을 많이 한다.

〈명리 이론과 이혼의 상관성 연구〉(장옥경, 원광대학교 동양학대학원 석사 학위논문, 2003)에 따르면, 무관 사주 여성이 이혼을 가장 많이 할 것이라는 편견 가득한 예상과는 달리 관성이 있으면서 상태가 좋지 않은(고립되거나 깨진) 사주를 가진 여성 집단의 이혼율이 45.4%로 가장 높았다. 2위는 25.4%로 관성 과다 집단이 차지했고, 무관성 집단은 3위로 16.4%에 불과했다.

❻ 범죄를 저지르거나 도덕성에 결함이 있다.

4번과 연관되는 이야기인데, 심한 경우 무관 사주를 마치 범죄자처럼 묘사하지만 이 역시 단식 판단 중의 단식 판단이다. 상담을 하며 무관 사주들을 다수 접해보면 단순함을 넘어 나이에 걸맞지 않게 순진한 이들이 많다. 심지어 무관사주는 그 내적 자유로움에서 나온 허술함 때문에 치밀한 범죄를 저지르기도 어렵다. 일상적으로 거짓말을 잘하거나 더 나아가 계획적인 범죄를 저지르는 이들은 오히려 관성이 있는 이들이다. 왜냐하면 타인의 평가에 관심이 없는 무관 사주와는 정반대로 관성이 강한 사람은 남들이 자신을 어떻게 생각하는가에 죽고 살기 때문에 어떻게든 남 앞에서 있어 보이고 싶어 한다. 그래서 솔직하지 않은 태도, 남의 속내를 지레 짐작하거나 남의 말을 여러 번 생각하고 뒤틀어 받아들이는 사고, 온통 거짓으로 포장한 리플리 증후군 같은 것도 무관보다는 오히려 관성이 나쁘게 발달한 쪽에서 찾아보기 쉽다. (관성 중에서도 아무래도 안정추구형인 정관보다는 인기에 목매는 편관이 강한 사람이 할 법한 행동이다.) 관성은 통념에 지배를 받는지 여부만을 보여줄 뿐, 명주의 도덕성까지 보장하지는 않는다.

만약 무관 사주에게 괴강살(魁罡殺)이 있고, 불행한 어린 시절을 보냈으며, 교육 수준이 낮고, 전반적으로 사주의 조화가 처참히 깨져 있는 정도라면 우발적 범죄를 저지를 위험의 소지가 높다고 판단된다. 하지만 이런 조건이라면 그 어떤 명식이어도 위험도는 마찬가지로 높다. 또한 같은 무관 사주일지라도 여성은 남성에 비해 문제가 되는 경우가 드물다.

❼ **직업이 불안정하다.**

대체로 그러하나 어디나 예외는 있다. 이 부분은 성별에 관계없이 동일하게 적용된다. 무관은 직업의 정해진 형태가 없음이니 직업과 주거

변동이 잦고, 그로 인해 삶이 불안정할 가능성이 높다. 무관 사주여도 호주나 북유럽에서 태어났으면 상대적으로 괜찮겠지만 국민의 노후 복지를 신경 쓰지 않는 한국에선 특히나 그렇다. 무관사주는 위계가 강한 조직 생활에 적응이 어렵기 때문에 일반적으로 예술가나 자영업자, 프리랜서, 아르바이터 등이 흔하다. 운의 우호적인 흐름이 뒷받침되거나 개인의 역량이 뛰어나지 않으면 세상으로부터 인정받기가 힘든 애환이 따르긴 하지만, 이가 없으면 잇몸으로 대신한다고, 사람마다 필살기 하나쯤은 있게 마련이다. 언젠가 무관 사주이면서 대학 교수인 내담자를 만난 적이 있다. 식상이 발달해 아주 총명한 명식으로, 대학에서 스카우트 제의를 받았다고 한다.

이처럼 사주에 사회적 명예를 의미하는 관성이 없어도 오직 자신의 능력만으로 관을 취하는 경우가 있다. 또 직장인이 아닌 연예인이나 순수예술에 종사하는 아티스트의 경우, 대중에게 사랑받을 수 있는 조건만 잘 갖추고 있다면 관성이 없는 것이 그리 큰 흠이 되지 않는다. 요즘은 무관 사주가 대통령도 하는 세상이다. 세상의 모든 무관 사주들은 프랑스 대통령 마크롱을 보며 힘내자.

남자는 관, 여자는 재라고?

명리학에서는 여성과 남성을 반대 성별에게 각각 다르게 적용시킨다. 여성에게 남성은 직업을 뜻하는 동시에 자신을 극하는 존재인 '관성'으로, 남성에게 여성은 자신이 극하고 취하기 위한 재물과 동급인 '재성'으로 보아왔다. 그렇게 여성과 남성에게 연인이나 배우자의 의미를 다르게 적용하기 때문에 같은 사주를 가진 여성과 남성이 동일한 사주 상담가를 찾아가도 해석이 다르게 나올 수밖에 없는 것이다. 그리고 모두가 짐작하는 대로 그 해석은 여성에게 절대적으로 불리하다.

아래의 예시를 한번 보자. 비교를 위해 모 명리학자가 출간한 일주론 일부를 발췌했다.

| 정미(丁未) 일주 | 건명(남성) : 식신대궁으로 비견과 인수가 월살에 드니 예의 바르고 명랑한 성격에 사교적이고 활달하며 화술이 뛰어나고 현실적, 긍정적 사고에 진취적이며 성급하지만 고집도 천하제일이다. 도량이 넓고 베푸는 성정이라 타인을 이해하고 배려하는 마음을 가지고 있으며 신앙심 |

> 과 봉사 정신도 있으니 어떤 어려움에도 잘 견딘다. 기본적으로 두뇌가
> 총명하여 눈치가 매우 빠르다.
>
> 곤명(여성) : 성격 급하고 고집이 세며 똑똑한데 배우자를 극하여 이기
> 려고 하니 문제가 생기고 깔끔하여 현모양처 감이나 사회 활동의 운이
> 고 한이 넘치니 눈물로 지새우는 운명이라 기구하기만 하다. 알뜰한 현
> 모양처이고 자식 궁은 좋은데 … 결국 자녀를 출산하면 베필을 극하여
> 곡절이 따르는데 … 두뇌가 총명하고 으스대거나 자랑하고 싶어 공부를
> 하나 시간이 지날수록 실력 발휘가 되지 않으며 학업도 신통치 않아지
> 는데 예능이 가장 좋고 어학, 의학, 약학, 전문 기술 등이 좋다.

여성은 똑똑해도 학업이 신통치 않다면서 의학이나 약학을 추천하는 어불성설도 납득이 가지 않거니와, 같은 기질이라도 남성에게는 삶을 긍정적인 방향으로 이끌어가는 장점으로 설명하는 반면, 여성에게는 부정적인 면을 부각하고 성격의 단점인 것처럼 묘사한다.

이렇듯 같은 일주나 사주를 두고서 성차별적인 해석이 나오는 이유는 명리가 지난 5천 년 인간 역사의 빅 데이터이기 때문이다. 가부장제로 인해 여성 대부분이 직업을 가질 수 없었고, 남성에게 소유물처럼 종속된 삶을 살아온 시대의 기록이 압도적으로 많기 때문에 그럴 수밖에 없다는 것은 이해한다. 그런 사회에서 여성의 진취성이나 독립적인 성격, 강인한 기질 등은 남성 배우자의 뒤에 숨어 조용한 서포터로서의 삶을 살아가는 데에 크나큰 방해 요소였을 테니 말이다.

그러나 과연 이런 해석을 현대에 고스란히 적용하는 일이 옳은 걸까? 답은 당신도 동의하겠지만, 절대 아니다. 지난 200년 동안 인간 사회의 변화는 그 이전 2천 년 동안의 변화보다도 크다. 특히 이만큼 단기

간에 빠른 변화와 경제성장을 이룬 국가는 지구상 어디에도 없다고 일컬어지는 한국에서는 최근 50년이 더욱 그러했다. 교육 기회의 균등화로 인해 여성들도 고등교육을 받게 되었고, 삶에서 개인의 자유와 자아성취가 가장 중요한 세대가 성장하여 사회로 나왔다. 현재의 2030 여성들 중 많은 수가 직업을 갖고 있다. 초단기간에 업그레이드된 한국 여성들의 변화 속도를 맞추지 못한 여전히 낮은 여성 인권만이 그들의 발목을 잡고 있을 뿐이다. 이런 그들에게 100년 전, 거슬러 1천 년 전에 사용했던 여성의 사주 풀이를 고스란히 적용할 수는 없다.

　나는 성별에 관계없이 누구에게나 관은 무엇보다 직업과 성격을 의미한다고 본다. 연애나 결혼은 그다음 문제이다. 사람은 우선적으로 자신에게 걸맞은 직업을 가져야 삶이 제대로 굴러간다. 관의 형태에 따라 어떤 직업을 갖는 것이 좋을지, 자기 제어력이 강한 사람인지 아닌지 등이 결정되기 때문이다. 연인이나 배우자는 명주의 사주 구조에 따라 어떤 여성에게는 남자가 재성이 되기도 하고, 어떤 남성의 사주에서는 여자를 관으로 볼 수도 있다. 그리고 당연히 전통적인 관법으로 보아야 하는 명식도 있다.

　명리학자는 인간의 운명을 연구하는 직업이니 시류에 민감해야 한다. 얼리어답터여야 한다는 말이다. 세상이 빠르게 변하고 있는데 수백, 수천 년 전에 태어난 중국 관리의 사주 풀이만 들여다보고 있거나 의심과 검증을 기반으로 한 자기 발전 없이 주입식 교육으로 물려받은 내용만 되풀이해서는 안 된다. 자신의 커리어에 대해 묻고자 찾아온 젊은 여성을 앞에 앉혀놓고 미래에 존재할지도 모를 남편의 이야기만 주구장창 늘어놓는 일은 이제 그만할 때도 되었다.

사랑받는 아내라는 팔자 : 관인구조

 사람의 영리함은 식상에서 나온다. 게다가 그 가장 해롭다는 흉신인 상관이 총명함 면에서는 식신보다도 우위에 있다. 그런데 전통 명리에서 말하는 남성이 가장 기피해야 하는 여성 1순위는 상관이 많은 여성이다. (폭소) 이는 남성들이 영리하고 자기주장이 뚜렷한 여성을 얼마나 두려워하는지를 명백하게 인정하는 일면으로, 어쩌면 이 모든 이야기들을 종합해봤을 때 똑똑한 여성의 세상살이가 매우 힘들다는 뜻으로 받아들여도 될 것 같다.
 명리에서 남성이 배우자감으로 선택해야 좋다고 추천되는 여성은 바로 관성과 인성이 발달한 여성이다. 자신을 억압하는 모든 것들을 받아들이게 되는 관성과 인성의 조합은 내부에 있는 것을 꺼내어 표현하는 기질인 식상과 완전히 반대되는 성질이기 때문에 관인의 구조가 발달된 사람은 사회 보편의 룰과 외부적인 압력을 잘 흡수하는 편이다. 그 중에서도 극단적인 관인 구조는 사주에서 일간을 제외한 모든 글자들이 관성과 인성으로만 이루어진 모습으로, 오직 세 가지 오행으로만 구성된 셈이다. 이런 사주는 인풋만 있고, 아웃풋은 없기 때문에 번뜩이는 총기는 없으나 엄청난 노력형이자 자기 관리에 철저한 유형이며, 동시에 자기표현 부분에는 소질이 없는 사람이라고도 말할 수 있다. 같은 관인 구조여도 사주를 이루고 있는 오행이 무엇인지에 따라 개인차는 있지만 기본적으로 무식상 사주를 가진 이들은 말을 많이 하거나 조리 있게 잘해야 하는 상황에서 어려움을 겪기 때문에 말보다는 글이나 창작물로 자신을 드러내는 것이 나은 편이다. 그리고 인성의 발달은 수용성을 나타내고, 관성이 발달했다는 것은 타인의 눈을 많이 의식한다는 뜻이므로 이들은 애인이나 배우자를 선택할 때 자신에게 득이 될 만한 남자의 직업이나 재력, 학벌 같은 사회적 조건을 최우선적으로 보고 고르며, 그 선택에 따라오는 의무나 결과를 저항 없이 받아들인다는 의미도 된다.

 명리가 추구하는 것은 중용의 도이다. 오행과 십성들의 조화로움이 갖춰졌다면 성별에 관계없이 상당히 좋은 사주고 역시 좋은 배우자감이 되지만, 사주에 결핍된 오행이 2개 이상이라면 균형이 한쪽으로 치우쳐 있으므로 좋다고만 볼 수는 없다. 그럼에도 불구하고 관성과 인성만 있는 여성을 사랑받는 현모양처나 좋은 신붓감처럼 묘사하는 현상에는 알고 보면 굉장히 굴욕적인 의미가 담겨 있다. 여성은 자신을 억압하는 관성을 의미하는 남편과 사회적 규범(가부장제)을 인성의 기능을 사용해 순종적으로 받아들이고 인내하는 게 좋고, 내면에 있는 것들을 밖으로 꺼내는 행위(식상)가 거의 없는 것이 이상적이라는 뜻이기 때문이다. 정확히 같은 의미에서 식상이 없고 재성과 관성만 있는 여성도 좋은 아내 및 며느릿감으로 언급된다. 똑똑한 여자보다는 자기주장이나 의견을 전혀 표현하지 않고 무조건 남자의 의사를 따르고 존경하는 여자가 가장 사랑받기에 적합한 아내라고 말하는 이런 논리가 극도의 여성혐오가 아니면 무엇이란 말인가. 주인의 입장에서 귀는 들리되 말은 못하는 노예가, 부리기에 가장 안전하고 선호되는 존재라는 소리와 무엇이 다른지 모르겠다.

남성은 어떤 유형의 사주여도 어지간해선 그 다양성을 인정하는 반면, 여성에게는 정관과 정인이 반드시 있어야만 좋고, 자신을 드러내거나 의견을 표현하는 식상이 많으면 나쁘게 보며, 편고(偏枯)된 사주 중 유일하게 관인 구조의 여성만을 좋은 사주라 칭하는 것도, 모두 여성을 남성과 동등하지 않은 존재로 내려다보는 동시에 잠재적 결혼 대상으로만 바라보는 관점에서 기인하기에 이는 실로 여성 집단 전체를 향한 모욕이나 다름없다.

관인 구조로만 이루어진 사주를 가진 여성이 갖지 못한 식상은 애인이나 배우자를 향한 능동적 애정 표현을 작동시키는 동시에 '나쁜 남자'를 거르는 아주 중요한 무기이자 방패가 된다. 식상이 발달한 여성들은 자신의 만족감과 행복을 가장 중요하게 여기기 때문에 불행한 연인 관계나 결혼 생활을 참고 견디면서 살려 하지 않는다. 또한 재성이 발달한 여성들은 눈치가 빠르기 때문에 상대가 나에게 충실하지 못하거나 이상한 낌새가 있으면 바로 알아채게 되어 있다. 그러나 그 두 가지가 없는 관인 구조의 경우 상대가 조건의 포장지만 잘 둘러싸고 있으면 거짓말쟁이이거나 사기꾼, 성격 파탄자여도, 심지어 바람을 피우고 있어도 잘 눈치 채지 못할 수 있다. 그것이 관인 구조의 가장 큰 약점이다. 혹여 나중에 가서 알게 된다 한들 원래 반발하는 성향이 약하고 사회적 평판과 타인의 눈이 무서운 이들에게 이혼은 감당하기 어려운 일이라서 처음부터 인격적으로 훌륭한 상대를 고르지 못했다면 대개 '조건 보고 결혼해서 참고 사는 아내'의 전형적인 역할만이 기다리고 있을 뿐이다.

　이러한 관인 구조 또는 재관 구조를 가진 여성 내담자들이 다른 곳에서 사주를 보고 자신에 대한 내용보다는 매번 맏며느리감이니 남자에게 도움이 되는 사주니 하는 류의 극찬만 잔뜩 들었다는 말을 내게 전하면 왜 그렇게 말했는지 너무 잘 알겠어서 한숨이 나온다. 그들의 관성을 오로지 남편으로만 보았고, 관성을 극하는 식상이 전혀 없으므로 어떤 남자를 만나든 잘 견디고 살 여자로 해석한 것이다. 정작 그들에게 가장 중요한 것은 그들 본인이 사회적으로 인정받는 좋은 직업을 가져야 하는 것인데도 말이다. 심지어 어떤 분은 그런 이야기만 반복적으로 지겹게 듣는 데 이골이 나서 아예 결혼을 하지 않는 쪽을 택하기로 했단다. 이미 자신의 직업적 성공을 어느 정도 이루었고, 앞으로도 그것을 우선적으로 하는 삶을 살아가려 하는데 자꾸 남자한테만 도움 되는 여자라고 말하니 듣기 거북하고 마치 이용당하는 존재 같은 느낌이 들어서 싫다고 말했다. 한국 사회는 너무나 빠르게 변하고 있어서 아직 사태 파악을 못하고 있는 연로한 사주 상담가들이 많은데, 작금의 한국에서는 젊은 여성들에게 이런 말이 칭찬이 아니다. 남성 집단과 가부장제가 수여한 '베스트 노예상'과도 같은 소리이기 때문이다.

　현재의 2030 여성들 사이에서는 비혼주의가 퍼지고 있기 때문에 관인 구조의 사주를 가진 여성들 중에서도 자기 관리와 커리어를 관으로 삼는 경우가 늘어나고 있다. 주위에서 가끔 찾아볼 수 있는, 이른 아침부터 헬스장 가서 운동하고 영어 학원에 들른 후 회사에 출근하는 엄청난 부지런쟁이들이 바로 이런 타입이다. 이들은 스스로에게 엄격하고 자신에게 투자한 만큼 결과를 보며, 그에 따른 타인의 부러움도 즐긴다. 자신의 이상형에 맞지 않으면 굳이 연애나 결혼도 필수 옵션으로 생각하지 않고 솔로로 지낸다. 냉정히 말해 여성들은 점점 우월해져가는 반면, 한국 남성들의 전반적인 상태가 그에 따라주지 못하는 현실이기 때문에 더 이상 옛날의 '관인생'이 아닌 것이다.

본디 관성이라는 것은 자신을 절제하고 노력함으로 인해 사회적으로 얻어지는 보상이 있을 때 그 진정한 의미가 성립된다. 남성이 여성의 관으로 오랜 세월 자리매김해올 수 있었던 것도 여성들이 스스로 '관'을 성취하거나 소유하지 못하도록 막아놓은 사회 시스템 때문이었다. 여성은 오직 결혼을 통해서만 남성 배우자의 사회적 포지션에 동승할 수 있었고, 그에 따라 자신의 위치가 결정되었으니 남자가 곧 관일 수밖에 없었다. 그러나 이제는 세상이 달라졌다. 결혼이 필수적이라는 통념도 희미해졌으며, 결혼으로 인해 얻어지는 명예나 이득이 없다면 그 결혼과 남성 배우자는 여성에게 진짜 관다운 관이 될 수 없다. 반대로 남성역시 자신의 아내가 사회적으로 명예가 있는 직업을 가진 사람이라면 결혼이 자신에게 관을 안겨준 것과 다름이 없다.

나는 개인적으로 관인 구조의 사주를 가진 여성들의 자기 절제와 수용의 대상이 남성에서 다른 것으로 변화하고 있는 현상이 매우 바람직하며 권장할 만하다고 여긴다. 사람에 대한 선택에는 실수가 있을 수 있지만, 커리어를 향한 노력과 자기 관리의 결과는 우리를 배신하지 않기 때문이다.

남자 많은 여자 : 관성의 재해석

많은 사주 통변가들이 '여성에게는 남성이 관, 남성에게는 여성이 재'라는 공식에 갇혀서 관성이 발달한 여성은 무조건 가부장적 가치관을 따르며 남자를 존경하고, 남편에게 희생하고 맞추는 삶을 살아가게 될 거라고 해석하는 경향이 있다. 그중에서도 사회 보편의 가치를 따르는 경향과 보수성을 상징하는 정관과 그에 대한 거의 무조건적인 수용성을 상징하는 정인까지 함께 투간하면 착하고 조신한 최상의 신붓감으로 꼽히게 된다. 이런 해석 역시 여자는 모나거나 튀는 성격이면 안 된다는 인식이 기저에 깔려 있음은 말할 것도 없다.

이보다 더 참담한 수준은 관성과다 여성의 관성 하나하나를 모두 남편의 수로 해석해, 남자가 많고 문란한 여성이라는 식의 풀이를 하는 것이다. 나의 상담 데이터를 기반으로 과감히 말하자면 이 해석 방식들은 모두 틀렸다. 옛날에는 그랬을지도 모르겠다만, 적어도 지금은 확실히 아니다. (만약 이 통변 방식을 쫓는다면 가부장제의 반역자인 페미니스트들은 모두 사주에 관성이나 정인이 없거나 발달하지 않은 사람들이어야 할진데, 어디 그러한가.)

　상담을 업으로 하면서 고객들을 만나다 보면 정관과 정인이 투간한 여성들이 과연 모두 보수적인 남성을 만나 순종적인 삶을 살고 있는지, 또 관성이 많은 여성은 모두 남자가 많고 그들에게 맞추는 삶을 살아왔는지 저절로 확인이 된다. 그러니 설령 오래된 해석 방식으로 배웠더라도 일을 하면서 아닌 것을 깨달으면 진상을 파악하는 연구를 해야 마땅할 것인데, 내담자가 아니라고 부인해도 '너도 모르는 너 자신에 대한 이야기를 하고 있는 것'이라며 우기기까지 한다니 참으로 답답한 노릇이다.

　정관과 정인은 일종의 말 잘 듣는 게으르고 착한 아이 같은 면모가 강하다. 안정감을 찾고자 하기 때문이다. 자신이 속한 사회 보편의 가치와 룰을 따르는 것은 소속감과 안정감을 심어주므로 편관이나 편인 또는 식상의 성질보다 보수성에 가깝다. 그러나 관성의 개념이란 사회적인 것 외에 때로는 아주 주관적인 가치관일 수도 있다는 점을 간과해서는 안 된다. 나의 내담자들 중에는 '관살혼잡(官殺混雜)'이라 불리는 전형적인 관다신약(관성이 지나치게 많아 일간의 힘이 너무 약함) 명식의 '모태 솔로'들이 상당히 많다. 선택받지 못해서 연애를 못하는 남성 모태 솔로와는 다른 차원의 이야기이다. 20대 후반의 나이가 되도록 마음에 드는 남자가 없어서 연애를 하지 않은 경우들이 대부분이기 때문이다. 또 비슷한 관성과다이지만 평생 동안 단 한 명의 남자와만 진지한 연애를 해서 결혼한 분도 있다. 그 남자 외의 다른 남자들은 자신이 정한 기준에 맞지 않았기 때문이다. 그래서 나는 주어진 상담 시간 동안 내담자들과 가능한 많은 이야기를 주고받기를 원한다. 내가 배운 것과 다르거나 전형적이지 않은 내용에 대해서는 반드시 질문하고 이유를 물어본 후에 기록해둔다. 내담자 앞에서 그저 도사 놀이를 하고 싶어 하면 발전이 없다.

　나는 100년 전, 300년 전의 관성과 지금의 관성은 다르다고 생각한다. 그 시절에는 사회가 정한 '좋은 남성'의 기준이 관성이 발달한 여성의 기준과 일치했겠지만, 현재는 그렇지 않다. 한국 사회 전반을 지배하는 보편의 가치관 또한 빠른 속도로 진화하고 있으며, 변화에 대한 여성의 적응력은 남성과는 비교도 할 수 없을 만큼 월등하다. 그러므로 페미니즘을 접하고 성평등에 대한 인식이 있는 여성이라면, 그 여성의 정관은 더 이상 보수적일 수 없다. 그가 생각하는 안정적이고 마땅히 그래야만 하는 개념 속에 성평등한 세상이 포함되는 순간, 그를 컨트롤하는 관성은 다른 이들의 관성과 방향이 달라지는 것이다. 더욱이 새로이 자리 잡은 그 개념이 올바르고 자신에게 도움이 되는 내용이라면 바보가 아닌 이상 그것을 마다할 사람은 없다.

　연애를 하고 싶지만 할 수가 없다고 말하는, 관이 아주 많은 20대 내담자들에게 이유를 물어보면 이렇게들 답한다.

　"저는 겸손한 남자가 좋은데, 그런 남자가 없어서요."

　"진실성이 없고 허세 부리는 남자들이 너무 많아서요."

　"제가 좋아하는 사람이 있기는 한데, 그 사람은 저를 안 좋아해요. 그렇다고 그 사람보다 못한 다른 사람을 만나고 싶지는 않아요. 그냥 연애 안 하고 말지."

　"페미니즘 이슈에 관심이 없으면 사귈 수 없어요."

　"연애에 많은 시간과 에너지를 빼앗기는 것보다는 성공하고 싶어요."

　보이는가? '남자'가 아닌 이 모든 것들이 그들의 '관'이다.

여자의 시간만 훔쳐가는 생애 주기

　여성혐오가 심한 나라일수록 여성들에게서 '시간'을 빼앗는다는 공통점이 있다. 여자는 크리스마스 케이크와 같다는 식의 이야기나 중년 여성에 대한 호칭인 '아줌마'를 이따금 멸칭으로 사용하는 것도 다 같은 맥락이다. 여성들 스스로가 자신에게 활용할 수 있는 시간이 별로 없다고 믿게 함으로써 심리적으로 위축되게 만들고, 딸을 가진 모부들에게는 그들의 딸을 결혼적령기 이전에 얼른 시집보내야 마땅한 듯한 조바심이 들게 하며, 여성 모두에게 인생에서 좋은 날은 20대에 지나가버리고 30대 이후로는 더 나아질 수 있는 기회가 없는 것처럼 절망의 주문을 걸어버린다. 이런 악랄한 세뇌는 여성들의 잠재된 가능성을 제거하는 데 당연히 큰 영향을 미칠 수밖에 없으므로 최대한 빨리 사라져야 한다.

　명리에서는 인간의 생의 시기를 '근묘화실(根苗花實)'로 나눈다. 사주의 기둥마다 의미를 부여해 연주를 뿌리, 월주를 싹, 일주를 꽃, 시주를 열매로 간주하는 것이다. 각 시기별로 약 15년에서 20년 사이를 잡는 것이 일반적인데, 나의 경우 현대인의 평균수명을 고려했을 때 19년 정도가 타당하다고 보고 있다. (명리는 60갑자를 사용하는 60진법을 사용하기 때문에 그것에 근거하여 15년으로 보는 학자들도 있다.) 인간은 태어나서 아이에 해당하는 유년기와 청소년기를 보내고 난 뒤 19세를 넘기면 성인이 된다. 우리의 어린 시절은 나무로 치면 새싹이 묘목으로 성장하는 시기와 같다. 20세부터 38세까지는 청년기에 해당하며, 막 다 자라서 꽃을 피우는 젊은 나무와 같다. 39세부터 57세까지의 중·장년기는 열매를 맺는 완숙한 나무로서 삶의 전성기이며, 사주에서 일주에 해당하기 때문에 비로소 내가 가장 나다운 나로서 존재하는 순간이다. 나는 사람의 인생에서 가장 중요한 때가 이 시기라고 여긴다. 58세부터 76세까지인 노년기는 이미 수확이 끝난 겨울나무와도 같은 모습으로 그 전에 자신이 이루어놓은 결과들을 누리며 삶의 마무리를 준비하는 시기가 될 것이다.

 자, 그렇다면 20대 후반 또는 30대 초반의 여성은 아직 청년 중의 청년에 해당한다. 그들의 전성기는 아직 시작도 안 했다. 그것도 무려 10여 년이나 남아 있다! 그럼에도 불구하고 여성의 가치를 '남성의 잠재적 연애·결혼·출산의 상대로서 존재하는 것'에만 맞추어 생물학적 나이로 평가절하하는 분위기는 정말이지 낡아빠지다 못해 구린내를 풍긴다. 그보다 우리가 생을 살아가며 가장 두려워해야 하는 일은 자신의 삶의 주인이 되지 못하는 것이어야 마땅하지 않을까? 내가 나로서 살지 못하는 상황에 놓이거나 스스로에게 해로운 행위를 하며, 또 운에 역행하며 살아가는 모습은 명리학적 관점에서도 최악의 선택에 해당한다. 우리가 여성을 걸어 다니는 자궁쯤으로 취급하며 가임 지도나 그려대는 나라에서 태어난 것은 꽤나 불운한 일이지만, 최대한 많은 여성이 거부하고 따르지 않을수록 사회는 더 빨리 변할 수 있다고 나는 믿고 있다.

베르길리우스는 말했다. 정복할 수 있다고 믿는 자가 정복할 수 있다고. 믿는다 해서 누구나 정복할 수 있는 것은 아니지만, 믿지도 않는다면 계획조차 세우지 않게 된다. 생각한 대로 살지 않으면, 사는 대로 생각하게 된다고 폴 부르제도 말한 바 있다. 인생은 우리가 원하는 것들을 하기에 충분히 길고, 공부와 새 출발에 늦은 나이란 없다. 이 책을 읽고 있는 당신이 20대 혹은 30대의 젊은 여성이라면 나는 이렇게 말해주고 싶다. 아직, 당신의 날들은 오지 않았다고. 그러니 시간에 쫓기지 말고, 불안해하지 말고, 당신이 원하는 것을 차근차근 이루어내기를 바란다. 훗날 전성기가 되었을 때 당신의 멋진 모습을 떠올리면서 말이다.

팔자가 센 여자 사주들

나는 내담자들에게 "상담 시간 내내 온전히 저에 대한 이야기만 해주셔서 감사합니다"라는 인사를 들을 때마다, 뭐 이렇게 당연한 상황에 대해 치하를 받아야 하나라는 생각을 하곤 한다. 그런 걸 보면 사주를 보러 갔다가 남성 역술인에게 불쾌한 소리를 들은 경험이 있는 여성들이 정말 많은가보다 짐작한다. 팔자가 (드)세다느니 기가 너무 세다느니 남자를 우습게 안다느니…… 사용하는 어휘만으로도 상당히 성차별적이고, 불쾌하게 느껴지는 것이 당연하다. 비슷한 조건이어도 남성에게는 '기가 세다'는 말을 부정적으로 사용하지 않을뿐더러 '여자 우습게 아는 사주' 같은 말을 하는 경우가 없지만 여성에게는 반드시 남자에 대한 언급이 따라붙는다. 마치 내담자 본인과 그가 무엇을 원하는가보다 그 여성의 남성관과 미래에 만날 것으로 기대되는 남성 배우자가 더 중요한 것처럼 말이다. 그리고 사주 구성상 남자를 자신보다 윗사람으로 여길 것 같지 않은 여성에게는 반드시 악담이 따라 붙는다. 가끔씩 온라인에서 유명하다는 상담가에게 상당히 상처가 되는 이야기를 듣고 와서 나에게 그게 사실인지, 아니라면 그렇게 막말하는 이유는 무엇인지 묻는 경우도 있었다. 사실, 거기에는 대단치 않은 몇 가지 공식이 있을 뿐이다.

남성 가장이 가족의 생계를 책임지고, 순종적인 여성 배우자의 헌신적 서포트가 뒷받침되어야 하는 가부장적 가족 모델이 권장되는 전통적 사회에서는 여남 모두에게 강요된 롤모델이 존재했다. 아내와 어머니의 역할만이 허락되었던 여성에게는 쉽게 말해 음(陰)적인 기질, 즉 자신을 드러내지 않는 겸손과 희생, 부드러움과 유연함 등이 요구되었고, 남성에게는 양(陽)적인 기질에 해당하는 강인한 성정과 큰 스케일, 성취를 위한 능력 등의 맨박스(man box)가 요구되었다. 그래서 남성은 양간(陽干)으로 태어나면 좋고, 여성은 음간(陰干)으로 태어나면 좋다고 여겼으며 전반적으로 사주를 구성하고 있는 글자들 또한 그러한 것을 이상적으로 보았다.

성차별적인 사회는 모두의 가능성과 자유를 앗아간다. 이러한 구시대적 아이디얼 타입에 해당하지 않는 경우에는 일단 폄하를 당하는데, 아무래도 남성보다는 만만한 여성 쪽을 훨씬 더 깎아내림은 말할 것도 없다.

여성이 사주에서 양(陽)의 글자를 많이 가지면 성격이 강하고 스케일이 크므로 "(어차피 여자로 태어나서 능력 발휘도 못할 것인데) 여자가 그렇게 좋은 사주를 가져 무엇하냐"는 이야기가 나오게 되고, 그래서 "너는 남자 사주를 가지고 태어났다"거나 "남자로 태어났어야 했는데, 잘못 태어났다" 따위의 기괴한 오해를 불러일으킬 말을 하는 것이다. 특히 사주팔자 전체가 양의 글자들로 이루어진 양팔통(陽八通) 사주를 가진 여성이라면 어딜 가도 이런 말들을 반드시 듣게 되는데, 마음에 담아둘 필요도 없는 소리다. 성별에 관계없이 양팔통 사주를 가진 사람들은 그저 양의 기질이 아주 강한 것뿐이니 말이다.

여아감별 낙태 같은 미개하고 끔찍한 제노사이드를 벌이지 않는 한 우리 모두는 자연의 섭리에 따라 성비를 포함한 생태계의 균형을 맞추도록 출생한다. 자연발생적 출생 가운데서 남자 사주, 여자 사주가 따로 정해져 있을 리 없다. 그저 사주팔자에 따라 타고나는 각각의 성향과 기질이 있을 뿐이다.

팔자의 음양 외에도 여성에게 자기표현과 총명함을 상징하는 상관이 많거나 강한 카리스마를 의미하는 괴강살(魁罡殺), 뚜렷한 주관과 고집스러움을 상징하는 백호살(白虎殺), 자신을 드러내는 끼에 해당하는 도화살(桃花煞) 등이 중첩되면 악담은 가중된다. 일지가 12간지 중 가장 강하고 신령한 동물인 용을 뜻하는 진(辰)인 경우에도 마찬가지이다. 용의 날에 태어난 여성은 남편을 자신의 발 아래 두려 하기 때문에 잘난 남성을 만나 해로하기가 어렵다는 식으로 풀이하지만, 남성에게는 같은 해석을 적용하지 않는다.

이처럼 여성이 무언가 강성한 요소를 갖추면 그것은 무조건적 단점으로 치부되었으며, 개인적으로 어떠한 성취가 큰 삶을 살더라도 남성 배우자와의 관계가 평탄치 않은 조건을 갖추고 있으면 그 하나만으로 세상에서 가장 불행한 팔자에 망친 인생인 것처럼 매도해버린다. 이것이 '팔자 센 여자 사주'의 비루한 진실이다.

현대사회에서는 결혼이나 연애가 여성의 인생에서 모든 것 위에 있거나 삶 전체를 좌우하지 않는다는 것을 이 책을 읽는 독자들은 알 것이라 믿는다. 그러니 어딘가에서 '팔자 세다'는 소리를 듣게 되거든 그런 시대착오적인 소리일랑은 제발 닥치라고 전해주고, '아, 내가 상여자구나'라고 생각하면 된다.

뿌리 깊은 차별, 전통 명리학

 명리라는 학문은 성차별적이고, 이분법적이며, 이성애 중심적이다. 나도 배울 때는 그렇게 배웠고, 불만이 많았다. 남자는 양(陽), 여자는 음(陰)의 존재로 규정짓고 그 틀에서 벗어나는 존재들을(특히 여성을 더) 폄하하며, 음양과 오행에는 좋고 나쁨이 없다면서 동시에 정관·정인·식신·재성은 사길신(四吉神)으로 부르고, 편관·편인·상관·겁재는 사흉신(四凶神)으로 취급하는 오류를 범한다. 가장 심한 파트는 역시 성차별이다. 오죽하면 여성의 사주를 보고 자녀의 성별을 말해줄 때, 아들은 길신인 식신으로, 딸은 흉신인 상관으로 지정해서 이야기하는 이들도 있었다. 그러나 이런 식의 통변은 임상에서 잘 맞지도 않거니와 그 논리마저 타당성이 떨어지는 축에 속한다.
 이렇듯 명리의 세계관이란 오래된 과거의 어느 시점에서 멈춰버린 듯한 느낌이 든다. '남성은 양이고, 여성은 음이다'라는 틀 안에만 갇혀 있으면 명리의 현대화는 영원히 오지 않는다. 양의 존재인 남성은 주도적이고 진취적이며 강한 존재여야만 하고, 음의 존재인 여성은 약하고 수동적이며 남성을 보좌하고 돌보는 존재로 규정짓는 것에서 탈피해야 한다. 그것들은 여성의 특징도 남성의 특징도 아니다.
 여성과 남성에 관한 대부분의 사회 통념 또한 상당히 비논리적인 구석이 많은데, 남자는 이성적이고 여자는 감정적이라는 흔히 알려진 이야기가 우습게도 남성을 양의 존재로, 여성을 음의 존재로 규정짓는 명리의 상황에 모순된다. 기본적으로 양의 기운이란 발산하는 힘이 강해 급하고 멈출 줄 모르며 실수가 많기 때문이다. 즉, 언제나 감정과 의욕만이 앞서는 남자는 모두 이성이나 냉철함과는 거리가 먼 존재이며, 소심할지언정 차분하고 신중한 음의 존재인 여성이 이성적이라는 뜻이 되어버리므로 당연히 양립할 수 없는 이야기다.

음양오행에는 성별이 없다. 자신이 타고난 음양오행의 글자들이 어우러져 개인의 고유한 성격과 기질을 만들어낸다. 세상에는 양의 기질이 강한 여성도 있고, 음의 기질이 강한 남성도 존재한다. 반대의 경우도 있고, 그 중간 어디쯤의 성향을 타고난 사람들도 당연히 존재한다. 우리가 여성성과 남성성이라고 명명하는 모든 것들은 사회적으로, 또 문화적으로 학습되고 세뇌된 것들에 불과하다. 가부장제가 인간 사회를 지배하게 되면서 본래 어머니와 여성의 상징이었던 양의 아이콘 태양이 남성의 상징물로 뒤바뀌어버린 것처럼 말이다.

이 세상에 절대적으로 정해진 무언가는 없으며 오직 시대와 상황의 흐름에 맞게 적용해 사용할 뿐임을 잊지 말아야 한다. 그러므로 음기가 강한 사주를 타고난 남성에게 여성스럽다고 표현하는 것은 엄밀히 말해 틀렸다. 그것들은 여성 집단 전체의 공통적이고 본래적인 특징이 아니기 때문이다. '여성스럽다/남성스럽다'라는 표현보다는 차라리 '음적/양적' 성향을 많이 지녔다고 말하는 것이 훨씬 정확하고 옳은 표현이다.

인간은 타고난 것이 반이라면 나머지 절반, 혹은 그 이상은 교육과 환경에 의해 완성된다. 기질이란, 또 성역할이란 과연 본능적이며 태생적인 것인가를 한번쯤 진지하게 생각하게 만드는 최근의 일례가 있다. 흥미롭게도 독일의 메르켈 총리가 장기집권한 이후 태어난 지금의 10대들은 남성이 감히 총리가 될 수 있다고 생각하지 않는다고 한다. 이들에게 권력자란 '전통적으로' 여성의 몫에 해당하기에 메르켈 총리의 정계 은퇴 발표 이후 독일 청소년들 사이에서는 SNS에 "남자도 총리가 될 수 있나?(Können Männer Kanzlerin?)"라는 문구를 올리는 것이 유행처럼 번졌고, 남성이 기독민주당의 대표나 총리직 후보로 나서는 것에 대해 매우 용기 있는 행동으로 간주해 뜻은 존중하지만 그들이 일을 잘해낼 것이라고 기대하지는 않는다고 한다. (큰 웃음) 남성은 무책임하기 때문에 남성 총리의 시대는 시기상조라는 10대들의 의견이 주류를 이루었다는 것이다. 사람에게는 후천적인 것이 선천적인 것 못지않게 중요하고, 배운 것보다는 보고 자란 것에 더 크게 영향받는다는 증거다.

3장

인연의 명리학

운명은 인생의 50%에 대한 결정적 요소이지만,
나머지 50%는 우리 자신이 지배할 수 있다.
- 마키아벨리

피해야 할 여덟 가지 남자 유형

 이 절은 생물학적 지정 성별 남성과의 연애 및 결혼을 염두에 둔 헤테로(이성애자) 여성들을 위한 글이다.

❶ 인성과다남

 만나는 남자 사주에 인성이 3개 이상이라면? 빠른 이별을 기원한다.
 뒤에 '인성의 부작용' 절에서도 설명하겠지만, 인성이 많다는 것은 사주 안에 온통 어머니만 있는 셈으로 '마마보이'에 당첨될 가능성이 아주 높다. 인성다자들은 수동적이고 받는 것에 익숙하기 때문에 모성애 넘치는 연애가 체질인 여성이 아니라면 적당히 만나다 스킵하기를 권하고, 결혼은 절대로 추천하지 않는다. 인성과다남과의 결혼은 성사 자체도 어려울뿐더러 어찌어찌해서 성공한대도 결혼 후에 아들을 키우는 기분으로 생활하게 될 확률이 높으며, 고부갈등이란 녀석이 거의 필수 옵션으로 따라온다. 인성이 과다하면 식상을 극하는 구조가 되기 쉬워 건강에 문제가 생길 가능성도 높으며, 자신의 손발을 쓰는 행위를 하기 싫어하기 때문에 애인이나 배우자에게 무언가를 해주는 것도 상당히 귀찮아한다. 즉, 독박 살림이나 독박 육아의 구렁텅이로 떨어지기 매우 쉽다는 이야기다. 한때 모 역학 갤러리에서 '인다남이 기신운 레이디'(인성과다남이랑 엮이게 되는 때가 여자에겐 재수 없는 시기라는 뜻)라는 말이 유행했다는 소리를 듣고 얼마나 웃었는지 모른다. 〈명리 이론과 궁합의 상관관계 연구〉(조만섭, 경기대학교 동양철학과 명리학전공 석사 학위논문, 2006)에 따르면, 격국에 따른 분류에서도 정인격 남성 집단의 이혼율이 가장 높다고 한다.

참고로 같은 인성다자여도 여자는 남성 입장에서 결혼 기피 대상 1순위는 아니다. 같은 조건이라도 여성과 남성에 대한 평가가 같을 수 없는 이유는 다름 아닌 남성 중심적인 한국의 결혼 문화 때문인데, '반반 결혼 했지만 명절 땐 우리 집 먼저'를 외치는 한국 남성들의 실태에서 그 답을 찾을 수 있다. 기울어진 젠더 지형으로 인해 아직까지도 사위는 백년손님 대접을 받고, 며느리는 노예 취급을 받는 분위기가 남아 있기 때문에, '극성스러운 장모' 모시기보다는 '극성스러운 시엄마' 모시기가 훨씬 더 끔찍할 수밖에 없는 것은 두말하면 잔소리 아닐까. 같은 조건, 다른 해석에 불공평함을 느껴 억울한 남성이라면 성평등한 결혼 문화 만들기에 힘쓰시면 되겠다.

❷ 재성과다 신약남/재성무력남

재다신약 사주는 남자든 여자든 탐욕스러운 성격이 많은데, 이 역시 남성에 해당할 때 더 나쁜 쪽으로 해석된다. 왜냐하면 예로부터 재다신약 남성의 사주는 작첩(作妾)하는 사주, 그러니까 능력은 안 되면서 욕심만 많아 이 여자 저 여자에게 집적대는 사주로 간주했기 때문이다. 재성과다남이 사주에 합까지 많으면 늘 여자들 뒤를 졸졸 쫓아다니고 여자 없이는 못 사는 체질로, 결혼하고 나서도 바람피울 확률이 가장 높은 사주가 된다. 반세기 전만 해도 주위에서 흔하게 발견할 수 있었던, 젊어서는 심심할 틈 없이 바람피우고 속 썩이다가 늙어서는 조강지처한테 잡혀 사는 남성들이 바로 전형적인 재다신약남의 모습이다.

요즘은 그럴만한 조건이나 능력을 갖추기도 어려운 시대가 되긴 했지만, 그들의 본성이 그러하다는 것을 잊어선 안 된다. 가끔 재다신약 남성이 아내에게 절대 충성하는 경우를 보기도 하는데, 특정한 조건이 갖추어져야 하므로 당연히 극소수다. 〈명리 이론과 이혼의 상관성 연구〉에 따르면 재성과다 남성 집단이 재성이 망가지고 무력한 남성 집단의 뒤를 이어 이혼율 2위를 기록했다. 이혼율 1위를 기록한 '재성이 무력한 구조'는 원국 내의 하나뿐인 재성이 고립되었거나 세력이 미약한 상황에서 다른 오행들의 도움을 전혀 받지 못하고 공격만 받아 힘을 쓰지 못하는 상황을 일컫는다. (아래 설명할 비겁다자들이 이에 해당할 확률이 크다.)

❸ 무식상남

사주에 식상이 아예 없는 무식상(無食傷) 남자들이 있다. 목 일간인데 화가 없고, 화 일간인데 토가 없고, 토 일간인데 금이 없고, 금 일간인데 수가 없고, 수 일간인데 목이 없는 남자들 말이다. 혹시 주변에 이런 남자가 있는데 당신과 썸을 타려 든다면, 마음이 깊어지기 전에 차단하는 것이 좋다. 특이하게도 로봇이나 과묵한 벽돌 같은 스타일의 남자가 이상형이라면 말리지는 않겠다. 식상은 연애 관계나 결혼 생활에서 내가 상대에게 쓰는 기운을 의미하기도 한다. 즉, 식상이 없는 사람은 그로부터 나오는 것이 아무것도 없다는 말과 동일하다. 그러니 예쁜 말 한마디, 다정한 행동, 사소한 챙겨줌과 같은 애정 표현도 기대하기 어렵다. 식상이 없는 사람은 상대방에게 잘해주는 방법 자체를 모르는 경우가 많고, 설상가상으로 무식상에 화 오행마저 없거나 약하면 의사 표현조차 제대로 하지 않아서 답답한 성격이 많다.

내 남자친구는 아니라고? 연애 초기 1~2년 정도는 무식상남도 다정함을 연기할 수 있다. 원래 사랑이란 미친 호르몬의 장난질이라 3년을 넘기지 않는 기간 내에서는 평소에 안 하던 짓도 하게 만드는 위력이 있으니 말이다. 그게 꼭 계획적이거나 위선적인 것이 아니더라도 잠깐 동안 제정신이 아니기 때문에 가능해지는 것이다. 허나 둘이 손잡고 현실의 문턱을 넘게 되는 순간부터는 상대방의 본연의 모습을 끌어안고 살아가야 한다는 것을 잊지 말자. 우리가 연애 때 목격한 상대의 단점은 결혼 후 한집에서 생활하게 되면 원래 알던 것의 10배~100배쯤의 무게로 다가오게 된다. 그래서 연애는 환상이고, 결혼은 현실이라 불리는 것이다.

❹ 관성과다남

관성이 많은 남자들은 오로지 자신한테 투자하고, 자기를 꾸미는 데에 관심이 잔뜩 쏠려 있다. 관성이 발달하면 아무래도 한국 사회에서는 유리한 면이 많고, 좋은 직업을 가질 확률도 높지만 '스스로의 잘남'에 대해 일반적으로 여성은 가치절하하는 경향이 강하고 남성은 과대평가

하는 편이다 보니 아무래도 관성과다 남성 중에는 나르시시스트가 많다. 이들에게 여자 친구나 아내는 후순위이며 '해야 한다고 생각하는 것'과 자기 관리가 모든 것의 꼭대기에 위치한다. 사주에 관이 많으면 따지는 것은 무지 많아서 쉽게 누굴 좋아하지도 않을뿐더러 만나다가도 자신이 정한 기준에서 벗어나는 것 같으면 쳐내기도 잘한다. 그래서 관성과다남이 가치관마저 보수적이면 답이 없다. 사주에서 관성이 가장 발달해 있으면서 인성이 잘 받쳐주고 식상도 있고 재성까지 투간해 있다면 자기 관리에 철저하면서도 여자를 존중할 줄 아는 신사적인 남성이지만, 관성만 너무 강해서 식상과 재성의 세력이 밀리거나 아예 없다면 그런 남자는 두 번 돌아볼 필요도 없이 멀리하는 것이 좋다.

만약 관성과다남의 사주에 인성이 없다면 결혼 후 자신의 잣대를 강요하며 가족을 괴롭히는 폭군이 될 가능성이 농후하다. 일단 사주에 관성이 많은 남자를 만나게 되면 반드시 그들의 젠더 의식과 연애관, 결혼관을 초반에 테스트하길 바란다. 페미니즘이 '나쁜 남자'로부터 당신을 구원할 것이다.

❺ 무관성남·관성고립남·상관견관남

역술인들이 무관 사주 여성과 관고 사주 여성에 대한 악담을 정말 많이 하는데, 실제로 살아가는 모습들을 보면 여자 무관보다 남자 무관이 훨씬 좋지 않다. 전 세계의 범죄 관련 통계만 보아도 확인할 수 있듯이, 남성이 여성보다 도덕성과 자제력에 결함을 가지는 경우가 더 많다. 무관 사주, 관성고립 사주, 상관견관(상관이 정관을 극하여 깨버림) 사주의 남성이라 해서 모두 범법자이거나 성품이 나쁜 것은 아니지만 특수한 경우 외에는 직업적 불안정성 때문에 좋은 배우자감이라 보기 어려운 것이 첫 번째 리스크요, 같은 수준의 무절제함이라도 남성이 절제력에 문제가 있는 것은 여성에 비해 상대적으로 훨씬 나쁜 결과를 초래하기 때문에 심각하게 받아들여야 할 일이다. 환경과 교육이 미치는 영향이 이토록 무서운 것이다.

어린 시절부터 가정과 사회에서 억압적인 교육을 받아온 여성들의 경우는 무관이라 할지라도 보통 자신에게 주어진 여러 가지 역할들을 수행하는 데 큰 문제가 없다. 그저 인내해야 하는 본인들에게 큰 스트레스가 따를 뿐이랄까. 그러나 여성은 안 되고, 남성은 허용되는 분위기 속에서 자란 '그남'들의 경우는 문제 발생의 소지가 적지 않다.

미국의 한 코미디언이 스탠딩 쇼에서 이런 이야기를 한 적이 있었지 아마. 남성들은 미친 옛 여자 친구(crazy ex-girl friend)에 대한 이야기를 하면서 자기들끼리 자조 섞인 농담을 하지만, 여성들은 그럴 수 없다고. 왜냐면 미친 남자 친구랑 사귀었던 여자들은 지금 멀쩡히 살아 있지 않으니까.

❻ 간여지동남

일주를 구성하고 있는 오행이 위아래 모두 같은 갑인(甲寅), 을묘(乙卯), 병오(丙午), 정사(丁巳), 무진(戊辰), 무술(戊戌), 기미(己未), 기축(己丑), 경신(庚申), 신유(辛酉), 임자(壬子), 계해(癸亥) 일주를 간여지동(干如支同)이라 부른다. 사주원국의 특징이 아닌 일주에서부터 거르게 해서 미안하지만, 간여지동 사주를 가진 사람들 중에는 연애가 잘 풀리거나 알콩달콩한 결혼 생활을 하는 사람이 별로 없는 편이다. 만약 간여지동

일주가 일주 외에는 비겁이 전혀 없고 완화해줄 조건 등을 갖추고 있다면 조금 덜 할 수는 있겠으나 간여지동에 비겁다자이거나 신강(身强, 사주에 인성과 비겁이 많아 일간의 힘이 셈)하기까지 하면 거의 답이 없는 모태 솔로의 사주라고 보면 된다. 간여지동은 앞의 다섯 가지 조건에 비해서 상대가 피해야 한다기보다는 당사자가 연애 운이 별로 없는 쪽에 더 가깝다. 일지는 배우자의 자리인데, 일지에 자기와 같은 글자가 들어와 있다는 것은 타인이 들어설 자리가 없으며 '내 속에 내가 너무 많은 것' 과도 같다. 그래서 간여지동 일주들은 본인의 문제를 스스로 잘 알지 못하며, 머리끝부터 발끝까지 자아로 가득 차 있거나 아집이 강한 캐릭터가 많다. 마음에서는 연애를 원할지라도 정작 타인이 그들의 행동을 보면 왜 연애가 안 되는지 금세 알 수 있는 그런 부류이다.

　간여지동 일주와 결혼하면 '따로 놀기'를 시전해야 하기 때문에, 나는 간여지동인 내담자들에게 같은 간여지동 애인이나 배우자를 강력 추천하는 편이다. 이들에게는 독립적인 생활과 공간이 보장되는 것이 매우 중요하므로 한쪽에서 너무 달라붙어 있기를 원하면 오히려 좋지 않고, 비슷하게 독립적인 면을 추구하는 같은 일주끼리 만나서 서로를 구제해주면 좋겠다. 비슷한 사람끼리 만나서 연애만 오래 한다든지 결혼을 아주 늦게 하는 것도 방법이라면 방법이다.

❼ 비겁과다남

　바로 위에서 설명한 간여지동남의 단점이 극대화된 구조로, 비겁이 너무 많으면 자신의 인생이 순탄치 않고 피곤해질 확률이 매우 높다. 사주에 비겁이 많으면 비겁을 생조해주는 인성의 기운을 심하게 설기하여 어머니의 안위를 위협하게 되고, 비겁을 억제하고 조절해줄 관성의 힘도 약하게 만들어 관성무력이나 고립이 되어버리며, 자신이 추구하는 재물이나 애인, 결실에 해당하는 재성 또한 심하게 극하게 된다. 그래서 비겁다자는 성별에 관계없이 누구에게나 상당히 불리한 구조라고 말할 수 있다. 특히 비겁다자의 사주에서 겁재가 자신보다 강하면 사는 동안 무엇을 하든 수월하게 얻어지는 것 하나 없이 치열하게 경쟁해야만 하며, 결과적으로 경쟁자에게 모든 것을 빼앗긴다.

또한 자신의 기운이 지나치게 강하다는 것은 왕고집에 타인과의 공존이 어렵다는 해석도 되며, 애인이나 배우자가 시름시름 아프게 되는 경우가 많다. 이런 비겁과다남이 구제받을 수 있는 몇 가지 직업군이 있긴 하지만 그 외의 경우는 역시 배우자감으로 추천하기 어렵다.

❽ 수 오행에 문제가 있는 남성

사주원국에 수 오행이 없거나 고립되거나 망가져 있는 경우 정력이 약하고 성기능에 문제가 발생한다. 성욕과 성기능은 수와 화가 적절히 어우러져야 이상적이지만, '물은 생명이다'라는 말처럼 기본적으로 성과 관련한 부분을 관장하는 오행은 수다. 화만 많고 수가 없는 남성은 의욕이 앞서도 조루이거나 정력이 따라주지 못한다.

물론, 오행은 많든 적든 문제가 생기기 때문에 수가 너무 많으면 또 많은 대로 섹스에 지나치게 집착하는 문제가 생길 수도 있기는 하다. 그렇지만 할 수 있는데 안 하는 것과 하고 싶어도 할 수 없는 것에는 엄청난 차이가 있지 않을까? 파트너와의 성관계를 원하지 않는 에이섹슈얼(Asexual) 여성이 아니라면 주의 깊게 살펴봐야 할 부분이다.

결혼을 늦게 해야 하는 사주

나는 내담자들에게 원가정이 불행할수록, 특히 아버지가 어머니에게 나쁜 배우자일수록 결혼을 늦게, 혹은 신중하게 할 것을 권장한다. 개인적으로는 한국에 좋은 아버지가 과연 몇 퍼센트쯤이나 될지 상당히 궁금하지만 말이다. 너무 이르거나 잘못된 배우자 선택으로 인해 마음고생과 후회를 하는 30~40대 기혼 내담자들을 접할 때면 그들 대부분의 아버지가 나쁜 남편, 나쁜 아빠였으며 사주에서 아버지를 상징하는 재성이 무력하거나 없는 경우를 흔히 목격했다.

가족을 불행하게 만드는 유일한 남성 롤모델을 보고 성장한 여성은 좋은 남성 배우자를 구분하는 안목이 부족할 수밖에 없다. 자신이 보고 배운 남성상이 평균적인 수준에도 못 미치는 불량한 상태였기 때문에, 사실은 평범하거나 그보다 못한 남자라도 아버지보다 조금이라도 다정하거나 어떤 한 부분이 나아 보이면 괜찮은 남자라는 생각을 하게 된다. 그런 여성들일수록 원가정에서 얻지 못한 마음의 안정과 애정 욕구를 다른 곳에서 빨리 채우고자 하는 심리가 강하기 때문에 남자 입장에서는 조금만 잘해주어도 쉽게 넘어오는 대상으로 보인다. 게다가 결혼은 불행한 원가정에서 가장 당당하게 합법적으로 떠날 수 있는 수단이기에, 이런 여성에게 20대 초중반에 연애 운이 강하게 들어오면 사귀고 있는 남자친구와 일찌감치 결혼을 감행하곤 한다.

허나 불행히도 재성이 무력하거나 없는 사람은 비교하고 따지는 계산력과 눈치가 부족하다. 즉, 정말로 이 남자가 객관적으로도 좋은 사람인지, 훌륭한 남편감인지 잘 모르는 상태에서 그저 끔찍한 아버지에게서 멀어지기 위해 아무하고나 결혼하게 되는 수가 있다는 말이다. 이런 결혼의 10년, 20년 뒤는 당연히 아름답지 않다. 30대 중후반쯤 되어서, 결혼할 때에도 본 적 없는 궁합을 이제 와 보고 싶다고 요청하며 이혼을 하면 어떨지, 언제쯤 하면 좋을지를 묻기 위해 나를 찾는다. 그들 남편들의 사주를 보면 앞에서 설명한 여덟 가지 전형적인 타입에 해당한다. 참고로 내가 접한 경우 중에는 인성과다남과 무식상남이 가장 많았다.

결혼 적령기나 그 이후까지 여러 사람을 만나고 경험해본 뒤에 결정할 수 있다면 가장 좋겠지만, 그럴 수 없다면 섣부른 결정을 내리고 십수 년 뒤에 후회하면서 확인할 바에야 결혼 전, 아니 결혼 상대로 보이기 시작할 무렵에 궁합을 보는 편이 나을 것이다.

임신과 출산이 어려운 사주 : 승도지명

처음에 이야기한 우울증 외에도 수 기운이 관장하고 있는 인체 부위가 있다. 정신세계를 담당한 수의 이미지에 어울리지 않는다고 생각할지도 모르겠지만, 물은 곧 생명이기에 사람의 생식 기능에도 관여한다. 그래서 사주에서 수의 기운이 극도로 부족하면서 덥고 건조하기까지 하다면 요로 계통 및 생식기 쪽에 질병이 발생할 소지가 높다. 명리에서는 이와 같은 명식을 '조열(燥熱)하다'고 표현하며, 고서에서는 한여름에 태어나 화토(火土)로 불타고 있는 사주를 '승도지명(僧道之命)'이라 칭했다. 사막처럼 너무 뜨겁고 건조해서 생명체가 살 수 없는 환경이라 본 것이다. 생명체가 살 수 없으니 가정을 이루거나 아이를 갖는 것도 힘들다 보아서 스님 팔자로 여겼으며, 여성이 여기에 해당하면 아주 큰 흠이 되었다.

그렇다면 지금은 어떨까? 여성의 역할과 의무가 정해져 있고, 아들에서 아들로 혈통을 이어가야만 하는 가부장제가 견고한 시대에서는 남성과 혼인하여 자녀를 낳아주지 못하는 이런 사주를 가진 여성들은 쓸모없는 존재에 불과했다. 사주의 조후가 한쪽으로 과하게 치우치면 인연을 맺는 것 자체도 쉽지 않기 때문에, 그 시절 남편도 자식도 없는 여성이 생존을 위해 선택할 수 있는 길은 굉장히 제한적이었을 것이다. 혼인을 하지 못하거나 가족이 없는 여성이 노년까지 몸을 의탁할 만한 곳은 당연히 절이었을 테고 말이다.

간혹 전형적인 '승도지명'의 명식에 해당하는 분들이 자기가 진짜로 스님이 될 것 같느냐는 질문을 할 때가 있는데, 거기에 대한 나의 대답은 '그렇지 않다'이다. 지금은 여성도 자신의 능력을 발휘하면서 살아갈 수 있는 세상이 되었다. 그리고 이렇게 한두 가지 오행에 '몰빵'된 사주들은 강점도 분명히 존재하기 때문에 그 부분을 직업적으로 잘 풀어내서 활용하면 남들보다 뛰어난 역량을 보여줄 수가 있다. 물론, 본인이 종교에 관심이 있고 원한다면 말리지는 않겠지만, 고서의 이야기들은 그 당시의 시대적 상황에 부합한다는 점을 잊어선 안 된다.

이런 조열한 명식이 비단 여성에게만 문제가 되는 것은 아니다. 남성의 경우에도 동일한 부위에 발병하며, 생식 능력과 성생활에 문제가 발생해서 섹스리스가 되기 쉽다. 이제는 여성도 남성을 고르고 평가하는 시대가 되었고, 그 기준 안에는 성기능도 들어 있으므로 그쪽으로 접근한다면야 남성이 더 불리하다.

승도지명에 해당하는 이들의 개운법(改運法, 운을 좋게 만드는 방법)은 수 기운을 직접적으로 가까이 하는 것이다. 물을 많이 마시고, 물을 가까이 하고, 물가에 거주하고, 수 오행에 관련된 활동을 열심히 해야 한다. 조금이나마 위안이 되는 이야기를 하나 해보자면, 한여름에 화토(火

土)로만 이루어진 조열한 사주가 겨울에 수토(水土)로만 이루어진 얼어붙은 진흙탕 사주보다는 낫다. 후자는 책 초반부에 설명한 우울증 및 정신질환이 심각하게 발병하기에 쉬운 조건을 모두 갖추고 있다. 같은 확률이라도 죽거나 미치는 것에 가까운 쪽보다는 결혼이나 임신이 어려운 쪽이 낫지 않겠나.

    보통은 배우자연이 좋지 않거나 자녀를 갖기가 힘든 사주여도 "그래도 사람이 결혼은 해야지"라든가 "나중을 생각해서 자식은 하나 꼭 있어야지"라고 말하는 사주 상담가들도 많지만, 내 경우에는 철저하게 내담자 중심의 이야기를 해준다. 자식을 갖기가 어려우면서 자녀가 별로 도움이 되지 않는 경우, 없이 사는 게 낫다고 말한다. 배우자가 도움은커녕 짐만 되는 사주라면 결혼하지 않는 쪽을 추천한다. 잘되지 않을 일에 연연하면서 시간을 낭비하고 마음고생하기보다는, 인생의 다른 부분에 의미를 두고 그것에 집중하는 삶을 사는 것이 현명하다고 생각하기 때문이다. 물론, 세상에는 반드시 겪어봐야만 받아들이는 사람들도 있기 때문에 선택은 본인의 자유다. 다만 그 과정에서 그들이 교훈을 얻기만을 바랄 뿐이다.

자녀의 사주를 알아야 하는 이유

개인적으로 역사에 관심이 많아서 한동안 세계의 지도자들과 조선 왕들의 사주를 열심히 찾아보곤 했는데, 그중 사주가 가장 좋다고 생각했던 사람은 무관의 명식인 동시에 제왕의 사주다운 영국의 엘리자베스 2세였고, 그다음이 한국의 세종대왕이었다. 세종대왕은 길한 운이 중년까지만 이어지고 50대에 바로 흉운으로 접어드는 바람에 요절했지만 명석함과 학자에 적합한 사주 구조를 갖고 있었기에 업적 면에서는 최강의 인물이다. 반면, 탕평책을 실시한 업적으로 조선왕조 최고의 왕들 중 하나로 평가되는 영조의 사주는 보는 순간 내가 괜히 싫어지는 경험을 하게 되었으니…… 영조가 아들인 사도세자를 뒤주에 가둬 굶겨 죽인 이야기는 조선왕조 역사상 가장 비운의 에피소드로 꼽히기에 누구나 알 것이다. 공교롭게도 이 부자(父子)의 사주를 통해 명리학적으로 그 근거를 찾을 수가 있었다.

인터넷에 떠돌아다니는 영조의 사주에 대한 통설, 즉 4개의 주가 모두 갑술이라는 사갑술(四甲戌)설은 거짓이다. 심지어 논개와 영조가 같은 사주라는 설까지 돌고 있는데, 이 또한 낭설이다. '논개는 천한 기생인데, 일국의 왕과 기생의 사주가 어찌 같냐!'라며 분개하는 민망한 글을 블로그에 써놓은 역술인들도 더러 보았으나…… 여기서 확실히 짚고 넘어가자면, 논개는 양반가의 부인이지 기생이 아니었으며 영조와 생년월일시도 전혀 같지 않으니 진정하셔도 되겠다.

영조는 새벽 5시쯤 태어났다는 기록이 있어 갑인시나 을묘시라는 주장이 대세로 잡혀 있다. 영조의 삼주는 갑술년 갑술월 무인일로 시간이 갑인시이든 을묘시이든 상관없이 명식 전체가 오직 토 비견과 목 관성으로만 이루어져 있다. 을묘시여도 관살혼잡이 되지만 갑인시라면 편관만 가득한 사주이다. 이렇게 오직 두 가지 오행으로 이루어진 이행격 사주는 당연히 성격이 평범하지 않다. 그 두 오행이 상생의 관계라면 흐름이 원활한 사주가 되지만, 상극관계라면 두 오행이 대치함으로 인한 부작용이 크게 드러나게 되어 있다.

영조의 사주에는 자신을 뜻하는 비견과 자신을 괴롭히는 편관만이 득실거리기 때문에 매사에 정신적으로 스트레스가 심하고, 의무감과 자기 관리에 미쳐서 편집증적인 성향을 가졌을 것으로 추정된다. 사주의 그림이 메마른 가을 땅에 나무만 빽빽한 형상으로 수기(水氣)가 전혀 없는 건조함이 변덕과 강박으로 나타나 자신과 주변 사람들을 들볶았을 테고, 가족에게 말 한마디를 하더라도 절대 듣기 좋게 하지 못했을 공산이 크다. 심리학적 측면에서 보자면 탕평책은 무수리의 아들 출신에 노론이 만든 임금이라는 콤플렉스에 평생 시달린 그가 자기 살자고 안간힘을 쓴 결과이기도 하다. 어머니의 낮은 신분으로 인해 숙종의 아들이 아니라는 루머가 떠돌았고, 그런 자신이 강하고 잘나지 않으면 언제 왕좌에서 끌어내려질지 모른다는 공포가 그를 그렇게 만든 것이다. 완벽주의적 성격 탓에 역사적으로는 후대에 이름을 남겼으나 영조는 좋은 남편도, 좋은 아버지도 아니었다.

 사도세자는 생년월일시가 정확하게 실록에 기록되어 있으니, 을묘년 무인월 임진일 경술시에 출생했다. 매우 신약하고 불안정한 구조의 명식이며, 대운의 흐름 또한 40대 이전까지는 불리한 편이므로 이런 사주들은 중년까지 잘 버티는 것이 관건인데, 그 전에 아버지에게 죽임을 당한 것이다. 사도세자의 사주에서 왕(旺)한 토와 목의 기운은 일간인 임수의 힘을 모두 빼앗아가기 때문에 기피해야 할 기운인데, 영조는 명식 전체가 목과 토로만 이루어져 있으니 이 부자 관계는 상극이라기보다는 사도세자 쪽이 일방적으로 당하는 관계일 수밖에 없었다.

 장군의 명식으로도 볼 수 있는 사도세자는 사춘기 무렵부터 공부하는 것보다 사냥하고 친구들과 어울려 노는 것을 더 좋아해 영조가 많이 꾸짖었고, 그때부터 우울증에 시달렸던 것으로 알려져 있다. 사도세자와 같은 명식은 체액이 원활하게 흐르지 않아 비만이 되기가 쉬운데 실제로 어릴 때부터 덩치가 크고 뚱뚱했다고 전해진다. 『승정원 일기』에 따르면 사도세자가 잘생기지 못하고 비만이라는 사실도 완벽주의자인 아버지의 미움을 사는 데 한몫을 했다 하며, 공공연히 그 사실을 언급해 아들의 자존감을 내리깎으며 스트레스를 왕창 안겨준 모양이다. 경금 편인과 괴강살을 사용해야 하는 사도세자에게 얌전히 앉아 글을 읽고 성군이 되는 데 주력하라는 압력을 넣는 영조의 교육 방식은 너무나 맞지 않았다.

부자지간 갈등에 당파까지 갈려 싸움이 나자 평범한 아버지가 아닌 왕의 입장에서는 아들이라도 역적이나 다름이 없게 되었고, 사도세자의 우울 증세는 점점 심각해져 광증으로 번졌다. 정신이 온전치 못하게 된 이후로는 궁인들을 대상으로 살인까지 저질러서 왕실 가족 모두가 두려움에 떨게 되는데, 이는 괴강살 소유자가 정신적으로 망가지게 되었을 때 나타나는 폭력성의 절정이다. 보다 못한 친어머니 영빈이 아들을 죽여달라고 영조에게 고하는 지경에 이르러 비극적인 가족사는 막을 내린다.

영조와 사도세자의 관계가 나빠진 이유는, 아비가 애초에 타고난 기질이 너무나 다른 자식을 이해하고 받아들이지 못한 채 자신의 방식만을 강요하며 괴롭혔기 때문이다. 만일 영조가 사도세자의 사주에 걸맞은 교육 방식을 채택했더라면, 또는 사도세자가 신약한 자신을 생조해주는 사주를 가진 다른 아버지를 만났더라면 조선왕조에서 드물게 전쟁에서 승승장구하는 왕이 되었을지도 모를 일이다.

망가진 자식의 뒤에는 반드시 과욕과 독선 내지는 심각한 인격적 결함을 가진 부모가 존재하게 마련이다. 자녀는 부모의 소유물이나 분신이 아닌 고유한 특성을 지닌 개별적 존재라는 것을 절대로 잊지 말아야 하며, 영조와 사도세자만큼 자녀와의 합이 맞지 않는다면 가능한 멀리 두고 상호 간의 의무만 다하며 지내는 것이 가정의 행복과 평화에 이바지하는 길이다.

그놈의 남편 복

　내가 사주 상담을 본업으로 삼고 초반에 가장 스트레스 받았던 질문 1위는 "남편 복은 있냐?"였다. 솔직히 말하면 나는 그 '남편 복'이라는 단어의 의미를 정말로 몰랐다. 그래서 그렇게 물어보는 일부 내담자들에게 구체적으로 어떤 복을 말하는 건지 되묻기도 했었다. 그럼 내담자들 또한 당황해서 머뭇거리며 "보통 사주 보러 가면 물어보지 않아도 남편 복이 있다 없다 그런 얘기들 해주시던데……"라고 대답하곤 했다.
　차라리 그들이 내게 재복에 관해 묻거나 연애 운이 좋으냐 물었다면 답하기가 수월했을지도 모른다. 남편 복이라는 단어를 들었을 때 내 머릿속에 떠오른 건 꽤 여러 가지 생각들이었다. 이분이 지금 자기가 성격이 착한 남자와 결혼하게 될지를 물어본 것인지, 아니면 재력이 뛰어난 사람과 결혼하게 될 가능성이 있는지를 물어본 것인지, 직업이 훌륭한 남편과 인연하게 될 것인지, 아니면 부부관계가 돈독할 것인지를 궁금해하는 것인지 감이 안 잡혔기 때문이다.

나중에 이 문제에 대해서 혼자 곰곰이 생각해보니 이 '남편 복'이란 녀석은 아주 올드한 사주통변의 주검과도 같은 단어가 아닐까 싶다. 연세 지긋한 역술인들이야 지금도 젊은 내담자들을 앞혀놓고 그 단어를 남발할 테지만, 다른 시대에 태어났으며 거의 모든 부분에서 그들보다 진보적인 삶의 경험과 가치관을 갖고 살아온 나는 사용하는 언어가 다를 수밖에 없다.

여성들의 경제활동이 보편적이지 않았던 예전에는 돈을 잘 벌어다 주고 평생 안정적인 결혼 생활을 유지시켜주는 남자가 최고의 남편감이었을 것이다. 그러니 그 부분만 어느 정도 갖춰져도 어떤 치명적인 변수가 눈에 띄지 않는 이상, 사주를 보러 온 미혼 여성에게 당신은 '남편 복이 있다'고 말하기 수월했을 것이고, 한국 사회에서 기혼 남성에게 그 외 다른 역할을 딱히 기대하지 않는 분위기는 심지어 최근까지도 이어져오고 있다. 그러나 지금은 경제력 하나만으로 남성을 평가하는 여성은 드물다. 외벌이로 배우자와 자녀들까지 부양할 만한 소득을 버는 남성의 수도 옛날과는 비교도 할 수 없을 정도로 현저하게 적기 때문에 여성들 입장에선 그러고 싶어도 그럴 수 없는 현실이다.

재력은 있는 배우자와 결혼했지만 결혼 생활이 불행한 여성에게 과연 남편 복이 있다고 말할 수 있는 것인지 의문이 든다. 또, 사이가 좋았던 남편이지만 일찍 사별했다면, 혹은 그로 인해 막대한 보험금을 탔다면 그것은 남편 복이 있다고 말해야 하는 것일까? 그저 밥을 굶지 않는 삶이나 일부종사가 목표가 아니라 자아실현과 행복의 욕구를 충족하길 원하는 현대인으로 살아가는 우리에게 좋은 배우자의 조건이란 각기 다를 것이라 생각한다. 본인의 경제력이 뛰어나서 남편이 조신하게 살림과 내조를 잘해주기를 원하는 여성도 있을 테고, 다른 무엇보다 인성을 중요하게 여기는 여성이나 지적인 대화가 통하는 남성을 원하는 여성도 있을 수 있으며, 잘생긴 얼굴이나 조각 같은 몸매의 소유자를 선호하는 여성도 있을 것이다. (심지어 모든 것을 다 갖춘 '영 앤드 리치', '빅 앤드 핸섬'도 개인의 취향으로 존중하겠다.) 그러나 자신이 결혼 상대자에 대해 가장 중요하게 생각하는 부분이 무엇인지를 알고 그 부분에 대한 질문을 한다면 답하기가 수월할 것이다.

덧붙이자면, 사주 상담 왕초보자들 중에는 자신이 몇 년 몇 월 며칠에 어떤 남자와 결혼하게 될 것인지, 그 남자의 직업은 무엇이며 성씨는 무엇인지까지 물어보는 분들도 있다. 내 입장에서는 마치 동화 속 마법 같은 이야기를 듣고 싶어 하는 것처럼 느껴지는데, 이런 내담자들을 만나면 명리란 무엇인가부터 설명하고 이해시켜야 하는 고충이 따른다. 분명히 말하지만 그런 예언은 존재하지 않는다. 인생을 날로 먹으려 들어서는 안 된다는 말이다. 그렇게 허황된 기대를 하는 사람들의 니즈를 충족시켜주느라 책임지지 못할 말을 하는 스토리 텔러 역술인들이 생겨나는지도 모를 노릇이다.

사주란 자신이 갖고 태어난 운명의 큰 틀에 불과하다. 밑그림은 그려져 있지만, 작고 세밀한 그림은 매순간 내가 내린 선택에 의해 내가 채워 넣어 완성하게 된다. 배우자 운 역시 마찬가지다. 똑같은 사주일지라도 자신이 해야 할 일을 하지 않고, 자신이 만나야 할 사람을 만나지 않은 사람은 인생이 어렵게 풀리고, 일찌감치 바른 길을 찾고 자신에게 어울리는 짝을 만난 사람은 상대적으로 수월하게 흘러간다. 사주는 어떤 사람이 나의 짝에 적합한지, 그 대략적인 형태만을 보여줄 뿐이다.

궁합을 봐야 하는 진짜 이유

　이혼율과 '성매수남'(성매매를 하는 남성)의 비율이 높은 국가에 살고 있기 때문일까. 결혼을 앞두고 궁합을 의뢰하는 여성들 중 다수가 불안한 마음으로 약혼자가 미래에 변심 또는 외도 가능성이 있는지에 초점을 두고 질문하는데, 그럴 때마다 내 마음은 조금 답답해진다. 물론 상대방의 성향과 운의 흐름을 통해 대충 짐작은 가능하지만, 누군가는 그 시기를 잘 넘기고 누군가는 걸려들기도 하기 때문에 사람의 마음이 수십 년 뒤에 변하는 1%의 가능성까지 내가 장담할 수는 없다. 우리는 모두 완벽하지 않은 존재들이며, 더욱이 관계란 상호작용을 통해 유지되는 것임을 망각한 듯 보이는 이들이 많아서 안타깝다. 불확실한 마음의 변화보다는 그 사람이 원래 어떤 유형의 사람인지를 확인할 목적으로 궁합을 보는 편이 낫다.

　전통 명리에는 원래 궁합이란 개념이 없다고 한다. 개인의 사주에 대한 분석은 가능하지만, 그 개인들 간의 상호작용에 대한 궁합 이론은 뒤

늦게 만들어졌다고 알고 있다. 그럼에도 불구하고 나는 혼전 궁합을 보는 일에 적극적으로 찬성하는 입장이다. 왜냐하면 궁합보다도 상대방의 사주를 아는 일이 매우 중요하다고 생각하기 때문이다.

사람들은 타인, 특히 자신이 사랑하는 사람에 대한 환상을 품고 있다. 그들의 있는 그대로의 모습을 바라보지 못하고, 자신의 배우자나 자녀는 다를 것이라 생각하는 것이다. 그러나 주위를 한번 돌아보라. 오랫동안 친하게 지내던 친구도 관계가 틀어지면 뒤에서 흉을 보고 못된 짓을 하는 것이 인간이다. 연인이나 배우자라고 다를 것도 없다. 그러니 그 누구도 어떤 사람을 속속들이 다 안다고 믿어서는 안 된다. 사람의 마음은 수시로 변하지만 타고난 천성은 어지간해서는 변하지 않는다. (그리고 남자는 사는 동안 성격과 가치관 등이 변할 확률이 여자보다 더 낮다.) 그걸 확인할 수 있는 한 가지 방법이 사주를 보는 것이다.

종종 일종의 '교정 판타지'를 갖고 있는 여성들을 만난다. 남에게는 냉정하지만 나에게는 따뜻한 남자, 남에게는 다소 싸가지가 없더라도 나에게만은 다정한 남자. 아니면 원래는 나빴는데 특별한 혹은 착한 나를 만나서 착해진 남자. 오, 제발 그 꿈 깨시라. 세상에 그런 놈은 없다. 현재 다정한 남자친구는 당신을 만나기 전 다른 여자에게도 비슷하게 다정했고, 훗날 당신과 헤어진 후에 만날 여자에게도 그럴 것이다. 당신 앞에서 전 여자 친구들에 대해 악의적으로 욕하는 남자는 당신과 헤어진 후에도 다른 사람들 앞에서 당신을 욕보일 확률이 아주 높다. 만약 가족에게 패륜적이고 어머니에게 막 대하는 남자와 결혼한다면 훗날 가족이 된 당신에게 막 대하는 미래가 기다리고 있을 뿐이다.

남자의 과거는 곧 그 남자의 미래나 다름없다는 것을 잊지 말아라.

살면서 누구나 한번쯤 신년 계획을 세우고, 며칠이 지나면 사람이 자기 자신을 변화시키는 것조차 엄청나게 힘든 일이라는 것을 깨닫게 된다. 나 자신도 변화시키기 어려운 마당에 남을 변하게 만들 수 있을 거라고 생각하나? 어렵사리 변한다 한들 그 변화는 오래가지 못한다. 그러니 괜한 수고를 할 생각 말고 처음부터 제대로 된 사람을 골라야 한다.

내가 결혼 전에 상대방의 사주를 꼭 볼 것을 권하는 결정적인 이유도 그 때문이다. 사람은 사랑에 빠지면 제정신이 아니다. 호르몬의 변화로 인해 나도 상대방도 평소와는 다른 모습을 보인다. 원래는 벽처럼 과묵한 성격이었던 사람도 급사랑에 빠지면 잠시 동안은 애인 앞에서 수다스러워지거나 애교가 생길 수 있다. 그것은 전혀 특별한 일이 아니다. 호르몬의 미친 장난질에 의해 과잉 행동을 할 수밖에 없는 것이다. 하지만 사람이 원래 안 하던 짓을 평생 지속하면서 살지는 못한다. 몇 년의 시간이 흘러 만남 초반의 설렘과 특별함이 사라지고 본래의 모습으로 돌아왔을 때도 상대방의 모습이 내게 충분히 어필할 수 있어야 그 사람과 오래 함께할 수 있는 법이다.

진지하게 관심 가는 사람이 있다면 티내지 말고 일상적으로 어떤 사람인가를 먼저 관찰할 것을 권한다. 평소 남들에게 예의 바른 인물인지, 가족과 친구들에게는 어떻게 대하는지, 특히 약자를 대하는 마음가짐과 태도는 어떤지 말이다. 이미 만나는 중이고 결혼까지 염두에 두고 있다면 사주뿐 아니라 과거사까지도 반드시 알아야 나중에 가서 후회할 상황을 예방할 수 있다.

폴리아모리는 편재적 행위 : 재성

가끔 궁합 상담을 요청한 내담자들이 "저는 폴리아모리 연애를 하고 싶은데 남자 친구의 협조가 어렵습니다. 이 사주로는 불가능할까요?"라는 질문을 할 때가 있다. 폴리아모리(polyamory)란 한 번에 여러 사람과 합의에 의해 연애 또는 성애 관계를 갖는 걸 뜻한다. 이 질문에 대한 대답은 의외로 쉬운 편이다. 다른 것보다 상대방의 사주에서 일간과 재성의 구조를 가장 먼저 살피면 되기 때문이다.

재성은 가장 대표적으로는 재물과 그 가치에 대한 관념을 의미하지만, 그 밖에도 사람의 센스와 공유에 대한 생각을 드러내주는 십성이다. 물질은 현실 세계와 그것에 대한 감각으로 직결되기 때문이다. 그래서 사주에 재성이 하나도 없는 무재 사주들은 실제로 눈치가 좀 없는 경우도 많다. 이들은 현실감각의 부재로 인해 허황된 생각을 품기도 하고, 돈을 쓰거나 선물을 살 때도 효율적으로, 혹은 멋있게 소비하지 못한다. 따라서 무재 사주들 중 가난한 이들은 계획성 없이 돈을 써서 저축을 못하기 때문일 확률이 매우 높다. 반대로 재성이 너무 많으면 눈치 빠르고 재치 있는 성격의 소유자인 대신 잔머리 대마왕에 욕심 많은 꾀돌이가 되기 쉽다. 재성과다 사주들은 탐욕을 늘 경계해야 한다.

 재성은 정재와 편재로 나뉜다. 정재는 작고 안정적인(월급과도 같은) 재물을 의미하고, 편재는 크고 유동적인(사업가 같은) 재물을 의미하는 이미지로 그려진다. 사주에 정재만 있는 사람은 겨울을 대비해 도토리를 열심히 모으는 다람쥐 같은 사람이다. 그들의 장점은 성실함이고, 단점은 스케일이 작아서 자칫하면 지나치게 계산적이고 인색한 구두쇠로 보일 수도 있다는 것이다. 반대로 편재형의 사람은 베짱이 같은 기분파에 가깝다. 정기적이고 고정된 수입이 아닌 비정기적 목돈이 들고 나가는 사업가는 편재를 쓰는 것이라 볼 수 있다. 특히 천간에 편재가 떠 있는 이들은 벌 때는 크게 벌지만 크게 잃을 수도 있는 리스크를 갖고 있는 셈이지만, 편재형의 사람은 그것에 크게 개의치 않는다. 일종의 투자를 한다는 개념이 강하기 때문이다.

 이러한 성향 차이로 인해 정재가 발달한 사람은 '내 것'에 집착한다. 소유에 민감하고, 자신의 것만을 소중히 여기는 그들에게는 공유가 어렵기 때문에 폴리아모리 같은 형태의 사랑은 불가능에 가깝다. 만약 당신이 다자연애를 시도하고자 하는 상대가 정재형의 사람이고 천간에 겁재까지 투간해 있다면 그 계획은 일찌감치 포기하는 것이 모두의 정신 건강에 이로울 것이다. 〈사랑과 전쟁〉의 실사 판을 찍기 싫다면 말이다. 설령 기나긴 토론과 설득 끝에 수락을 받아냈다 한들 그것은 진심이 아니거나 '이미 내 사람'인 애인을 잃기 싫은 마음에서 나온 '울며 겨자 먹기' 식 대답일 확률이 높다. 사랑의 힘을 빌어 억지로 노력하는 자들도 분명 있기는 하겠지만, 공유는 배타적인 그들의 본성에 위배되는 행위이기 때문에 안타깝게도 그 끝은 아름답지 않다.

반면, 편재는 공유와 확장성을 의미하기에 다자연애가 충분히 가능하다. 낯선 사람에게 쉽게 다가갈 수 있는 성격이나 붙임성 또한 편재의 특성이다. 새로운 사람을 만나고 싶어 하는 성향은 곧 새로운 관계를 형성하는 행위로 이어지기 쉽다. 기본적으로 편재형의 사람이 정재형의 사람보다 재미있는 타입이며, 그들 자체가 안정감보다는 즐거움을 추구하기 때문에, 열린 관계(open relationship)나 바람둥이 또한 당연히 편재가 발달한 사람에게서 볼 수 있다.

십성에 좋고 나쁨은 없으며, 모두 장단점이 있다. 정재가 안정된 관계를 제공하는 재미없고 착실한 애인·배우자라면, 편재는 재미있고 매력적이지만 지조는 없는 애인·배우자에 가깝다. 당신의 애인에게 편재가 강하게 있다면 1:1의 독점적 연애나 결혼 생활에서는 그 특성이 약점으로 작용할지 몰라도 폴리아모리를 시도하기에는 완벽한 상대일 것이다.

연애 운을 현명하게 쓰는 법

　나는 사춘기 시절부터 로맨틱 코미디나 애절한 러브 스토리의 영화를 싫어했다. 어쩌면 한국에서 어린 시절을 보내서인지도 모르고, 성격상 뻔하게 반복되는 것들을 싫어하기 때문일지도 모르겠다. 요즘은 살짝 달라져가는 것도 같지만 지금까지 대부분 한국 드라마와 영화는 등장인물과 소재가 제한적이고, 한국 남성들의 판타지를 홀딱 뒤집어쓴 비현실적으로 착하고 외모까지 완벽하게 예쁜 여자 주인공 한 명과 동시다발적으로 일어나는 삼각 또는 사각 관계의 이성애 구도, 거기에 경쟁자로 등장하는 다른 예쁘고 못된 여자의 고통을 보여주는 지겨운 플롯이 너무 많았다. 한국인이라면 도입부나 1편만 봐도 결말까지 다 알 수 있는 그런 내용 말이다. 시니컬했던 청소년에서 시니컬한 성인으로 성장한 나는 드라마에서 주인공에게 매번 저렇게 같은 시기에 여러 남자가 대시하는 게 말이 되냐고 비웃었지만 놀랍게도 명리학적으로는 매우 그러하다. 그러니 한국의 드라마 작가들이 명리의 이치를 모르더라도 우리 인생에서 벌어지는 드라마틱한 사건들의 특징에 대해서는 제대로 직시하고 있음이 분명하다.

그 모든 것은 운(運)이란 장난기 어린 녀석이 짜놓은 판이다. 사주에서 연애 운을 본다는 것은 명주가 어떤 시기에 몸과 마음이 동해서 누군가를 만나 인연을 맺을 확률이 높은지를 읽어내는 것이다. 물론, 그럴 때 만난 사람이라고 해서 무조건 좋은 사람이라는 보장은 없다. 하지만 한 가지 확실한 점은 그런 운에 접어들었을 때, 여자나 남자가 한 명만 들어오는 것은 아니란 거다. 드물게 딱 한 명만 생기는 경우도 있지만, 강한 운에 들었다면 그 지겨운 한국 드라마처럼, 연애할 대상이 떼로 몰려오기도 한다.

그래서 내가 여성들에게 하고 싶은 조언은 자신이 모노아모리(Monoamory, 폴리아모리의 반댓말로 독점적 사랑)라고 해도 절대로 처음 들어온 사람을 한 번에 선택하지 말라는 것이다. 오랫동안 애인이 없었던 사람일수록 그런 운이 시작되자마자 처음에 들어온 사람을 바로 잡기 쉬운데, 그건 별로 현명한 처사가 아니다. 조급해하지 말고 일단 '어장'에 집어넣고 적극적으로 썸을 타다가 더 나은 사람이 생기면 그쪽으로 가고, 아니면 그때 가서 선택해도 늦지 않다. 때로는 연애 운이 들어온 시기의 처음에 만난 사람을 반드시 패스해야 하는 운도 있으니까 말이다.

좋은 시기에 만난 사람이 좋은 인연

누구나 살면서 운의 굴곡을 겪기 때문에 대운 및 연운에 따라 운이 좋은 시기와 좋지 않은 시기가 나뉜다. 일부 중화 사주는 크게 차이가 없겠지만 말이다. 운과 더불어 사람의 인연에 대해 말하자면, 자신의 운이 좋은 시기에 만나게 된 타인이 좋은 인연이 된다.

누군가는 이 이야기에 대해 '힘들 때 나타나서 도와준 사람이 좋은 사람이 아니냐'고 반문할 수도 있겠지만, 절대로 그렇지 않다. 어떤 사람이 나에게 귀인이냐 아니냐에 대한 판단은 궁합과 함께 상대를 만난 시점, 그러니까 그 사람이 내 삶에 등장한 시점이 언제인가를 살펴보는 것으로 정해진다. 그래서 1980~1990년대 한국 드라마에 자주 등장했던, 가난하지만 공부 잘하는 남자를 헌신적으로 뒷바라지하며 키워놨더니 성공한 뒤 주인공을 차버리고 더 조건이 좋은 다른 여자와 결혼하는 스토리는 사실 명리학적으로 볼 때 충분히 타당한 이야기다. 물론 배신당한 주인공과 그것을 지켜보는 주변인들의 심정적 고통과 분노는 또 다른 서사이지만, 심리학적으로는 달라진 자신에게 어울리는 새로운 짝을 만나고자 하는 인간 보편의 심리로도 읽어낼 수 있다.

여기서 우리가 얻을 수 있는 교훈은 무엇일까? 헌신하면 헌신짝 된다? 그것도 틀린 말은 아니다. 힘들 때 만난 사람과의 인연은 오래가지 않을뿐더러 길게 유지하지 않는 것이 본인에게도 이롭기 때문에 깊게 관계를 맺지 않는 것이 좋다. 반면 좋은 시기에 나타나서 그 후로 힘들 때나 즐거울 때나 함께한 사람은 진정한 친구나 짝이 된다. 그래서 나는 내담자들의 궁합을 볼 때, 서로 간의 케미스트리(Chemistry)뿐 아니라 두 사람이 만난 시기에 각자의 운이 좋았는지도 유심히 살핀다. 상대의 사주를 모를 경우에도 내 운에서 상대가 나타난 시점을 보면 내 입장에서 좋은 인연인지 아닌지 정도는 간단히 알 수 있다는 이야기다.

인연의 공식은 의외로 단순하다. 나 역시도 최근 몇 년 사이에 겪었지만, 힘들게 하던 가까운 친구나 애인을 끊어냈더니 갑자기 건강이 좋아지고 일도 술술 잘 풀리는 경험을 해본 사람이 있을 것이다. 이런 경우는 그들이 내게 좋지 않은 인연이었던 것이고, 진작 끊어냈어야 했던 사람들이었다. 반대로 당신이 곁에 머물 때는 잘 안 풀리던 친구나 애인이 당신과 멀어지고 난 뒤 잘나가는 현상을 목격한 사람도 있을 것이다. 슬프지만 당신이 그 사람에게 좋은 사람이 아니었다는 증거다.

흔히 '귀인'이라 불리는 존재는 나에게 필요한 오행과 십성이 발달한 사주를 가진 사람이다. 영혼의 짝처럼 나의 부족한 면을 채워주는 존재인 것이다. 운이 좋은 시기에는 귀인이 주변에 등장하고, 운이 나쁜 시기에는 악연을 만나거나 귀인을 잃게 된다. 그것만으로도 운의 길흉과 누가 나의 귀인인지 여부를 조금은 알 수 있다.

보이는 게 전부가 아니다

　어떤 인간관계든 반드시 기브 앤드 테이크(Give and Take)가 있지만, 모든 관계에서 그 주고받음의 양이 공평하지만은 않아 보인다. 특히 친구 관계나 연인 관계에서 한 사람의 조건이 월등하게 좋거나 한쪽이 다른 한쪽에게 굉장히 잘하는 모습을 보면 사람들은 주로 받는 위치에 있는 사람을 더 부러워하고 인복이 있다고 말하곤 하는데, 과연 명리학적으로도 그럴까?

　결론부터 말하자면, 그런 관계의 궁합은 보통 받는 쪽이 주는 쪽에게 더 도움이 되는 사주일 확률이 높다. 즉, 둘의 만남을 통해 얻어지는 정신적 만족도가 베푸는 쪽에게 더 크기 때문에 자연스레 베풀게 되고, 그것을 아깝게 여기지 않는 것이다. 겉으로 드러나 보이지 않을 뿐, 사람들 사이 주고받음의 균형은 어떻게든 맞춰진다. 바보가 아닌 이상 자신의 만족 없이 주기만 하는 관계에 지속적으로 투자하는 사람은 없다. 연인 관계에서도 더 원하는 쪽이 적극적인 것이 당연하고, 더 사랑하는 쪽이 을이 되는 것을 비참하게 여길 필요가 없는 이유도 그 만남을 통해 얻어진 기쁨이 그에게 더 큰 까닭이다.

몇 년 전, 내가 본 궁합 중 상위 1%에 드는 커플을 상담한 적이 있다. 두 사람은 마치 서로를 위해 태어난 사람들처럼, 안 맞는 부분이라고는 거의 찾아낼 수가 없는 궁합이었는데, 실제로도 서로를 끔찍이 사랑했지만 남자 쪽 집안에서 결혼을 극심히 반대하고 있었다. 이유는 남자의 직업이 여자의 직업보다 조금 좋은 편이라는 것 단 하나. 남자의 부모는 아들이 사랑하는 여자가 아닌, 비슷하거나 더 좋은 직업을 가진 여자와 선을 봐서 결혼하길 바라는 사람들로, 여자를 인격적으로도 상당히 무시하는 수준이었다.

하지만 재미있게도 그들의 궁합은 남자 쪽에서 훨씬 이득을 보는 조합이었다. 남자가 가진 약점과 부족한 부분을 여자의 사주가 모조리 채워주고 있었으며, 남자의 사주는 그 누구에게도 남편감으로는 절대 추천하고 싶지 않은 사주였다. 여자는 이미 결혼운에 진입해 그 남자가 아니더라도 새로운 사람을 만나 곧 결혼을 할 확률이 높았다. 하지만 남자는 그 시기, 그 여자가 아니면 최소 50~60대까지 홀로 늙을 팔자였으니…… 사정도 모르고 아들 팔아 장사하려는 부모가 남자를 총각귀신으로 만들 것이 분명했다.

이 커플 역시 사람들의 눈에는 더 좋은 직업과 더 높은 수입을 가진 남자에 비해 여자가 기울어 보였겠지만, 명리학자의 눈에는 그렇지 않다. 끌림에는 다 이유가 있는 것이다.

'입덕'도 사랑으로 쳐주나요?

　연애 운이 발동되면 가장 먼저 나타나는 현상은 생각이나 마음이 동하는 것이다. 누구를 만나고 싶다는 생각이 들고, 평소라면 무심코 지나쳤을 상대의 행동에서 무언가를 느끼게 된다. 인간은 지극히 이성적인 상태에서는 사랑에 빠지지 않는다. 쉽게 말하면 착각이나 망상에 빠지는 것과 비슷한 상태가 되어야 사랑을 할 수 있는 것이다. 연애할 때 '눈에 콩깍지가 씐다'는 표현과 같은 맥락이라고 볼 수 있다.
　하지만 마음이 동하는 운이 들어왔다고 해서 모두가 연애나 결혼을 성공적으로 할 수 있는 것은 아니다. 가령 그런 시기에 사교 활동을 활발하게 하는 사람은 쉽게 연애를 할 수 있겠지만, 집에 콕 박혀서 히키코모리 생활을 한다든지 연애 가능 대상이 단 한 명도 존재하지 않는 회사와 집만 시계추처럼 반복하는 일상을 사는 사람이라면 당연히 연애가 성사될 리 만무하다. 그럼에도 만약 초강력한 연애 운이 들어와 있다면, 그 누구도 상상치 못한 스토리로 전개되는 경우를 몇 번 목격한 바는 있다. 퇴근길 버스정류장에서 담뱃불을 빌린 사람과 사귀게 된 경우라든가 집에서 RPG 게임만 종일 하는 백수가 게임 안에서 만난 사람과 게임상 데이트를 하다 몇 달 만에 결혼을 하는 해프닝 같은 것들 말이다. 하지만 이런 일들이 누구에게나 흔하게 일어나지는 않는다.

사람들이 연애·결혼운과 관련해 흔히들 오해하는 것 한 가지가, 운명이 정해준 짝과 시기가 있고 그 시기에 그 사람과 반드시 이루어지게 될 거라는 믿음이다. 기대를 깨뜨려서 미안하지만 그런 것은 존재하지 않는다. 운명에는 가변성이 따르기 때문에 같은 사주와 운을 가졌더라도 자신이 놓인 주변 환경에 따라 각자 다르게 발현된다. 연애 운이 발동된 시기에 주변에 마땅한 연애 대상이 없거나 TV와 모니터만 쳐다보고 있으면 갑자기 연예인에게 꽂혀서 '입덕'('덕후', 즉 팬이나 마니아가 된다는 뜻)으로 나타나기도 한다. 그것도 어쨌든 마음이 동해서 사랑을 느낀 것이기 때문에 연애 운을 쓰는 것과 유사한 양상을 보인다. 게다가 입덕은 순수한 사랑의 정점이다. 자신의 사랑과 희생에 대한 보상을 바라는 마음이 단 1%도 없이 오직 베푸는 사랑이기 때문이다. 진정한 아가페(AGAPE)라고도 볼 수 있을 것이다.

최근 1~2년간 일과 공부에만 전념하느라 개인적으로 사람을 만날 시간을 내기 어려웠던 내게도 지난여름 같은 일이 일어났다. 당시 나는 취미로 현대무용을 배우기 시작했던 터라 퇴근 후 집에서 유튜브로 현대무용 동영상을 검색하고 있었다. 연애운이 발동하는 시기라는 것은 알고 있었지만 내담자들 외에는 사람을 거의 만나지 않고 생활하던 내게 아무 일도 일어나지 않을 거라 예상했다. 그러나 검색 리스트 상위에 있는 동영상 하나를 무심코 클릭한 순간, 한 소년의 나비 같은 춤사위를 보고 내 인생 처음으로 연예인에게 급격히 빠져든 사건이 발생하고 말았다. 나는 그날 이후부터 사랑의 열병에 빠져 매일 밤 꿈속에서 그를 만났고, 태어나서 처음으로 아이돌 팬클럽에 가입했으며, 매일같이 굿즈를 사 모으고, 콘서트에 가지 못했을 때는 우울증이 올 정도로 좌절했으니……. 어쩌면 내가 직업을 가진 성인이라는 사실이 선을 넘은 덕질을 막아주는 것 같아 다행이라 여기고 있는 지경이다.

아이돌 덕질이 연애보다 좋은 점이 있다는 것도 배우게 되었다. 우선 내가 보고 싶을 때만 찾아볼 수 있기 때문에 이 사랑에는 내 마음대로 시간을 쓸 수 있다는 점과, 상대가 나에게 잘못하거나 싸울 일이 없다는 점, 그리고 결정적으로 이별에 에너지 소모가 전혀 들지 않을 거라는 점. 나의 경우에는 적지 않은 나이에 신세계에 눈을 뜬 만큼, 예전에는 절대로 이해하지 못했던 (만나기 힘들뿐더러 내 존재 자체도 모르는 사람을 좋아하는) 팬심을 알게 되면서 더 폭넓게 다른 사람을 이해할 수 있는 기회가 되었다. 그렇기에 이 사랑의 끝이 어떤 형태가 되더라도 내겐 온전히 감사한 경험으로 남을 것 같다.

모노아모리를 지키며 결혼 생활을 유지 중인 기혼자에게도 나이에 관계없이 연애 운이 들어올 때가 있다. 결혼 후에 들어온 연애 운은 당연히 결혼 생활에 위기를 몰고 온다. 이혼이나 배우자 교체를 원하는 게 아니라면 그럴 때 나는 차라리 입덕을 권유하고 싶다. 그러니 만약 당신의 배우자가 어느 날 갑자기 주말 드라마 배우나 어떤 아이돌의 극성팬이 되었다면, 타박하거나 질투하기보다는 적극 장려하고 도움을 주는 쪽이 훨씬 현명한 선택이 될 것이다. 그 유사 연애가 당신의 가정을 지켜줄지도 모를 일이니 말이다.

친구는 끼리끼리

사주 상담을 업으로 하면서 발견한 흥미로운 통계 하나는 '연인끼리의 궁합은 상보성의 원리가 더 강하게 작용하고, 친구끼리는 유사성의 원리가 더 강하게 작용한다'는 점이다. 아무래도 나의 주 고객층이 2030 여성들이다보니 단짝 친구와 함께 방문하는 경우가 많아서 더 확연히 드러났던 것 같다.

본디 명리에는 궁합의 이론이 존재하지 않았기 때문에 실제로 사주 상담가마다 조금씩 다른 관법을 적용한다. 내가 생각하는 잘 맞는 궁합이란 자신과 비슷한 사주를 가진 사람도 해당되고, 나에게 없는 걸 많이 가진 사람도 해당된다. 물론, 보완의 기능에 초점을 맞춘다면 나랑은 다소 다르더라도 상보성을 가진 사람과 친하게 지내는 것이 좋지만, 같은 곳을 바라보고 함께 간다는 관점에서 본다면 비슷한 사주도 괜찮기 때문이다. 너무 많이 다르면 거부감이 들 수 있으므로 가장 좋은 것은 서로 간의 접점이 있는 동시에 서로가 상대에게 간절한 것을 갖고 있는 궁합이라 할 수 있을 것이다.

내 경험상 연인의 경우 내가 없는 걸 가진 사람에게 강력하게 끌리는 경우가 80% 이상이라면, 친한 친구끼리는 사주가 쌍둥이처럼 닮아 있는 경우를 많이 보았다. 즉, 애인은 이질성을 가진 사람에게 더 끌리고, 친구는 동질성을 가진 상대에게 공감대가 형성된다는 뜻이다. 여기서 더 재미난 점은 가끔 셋이 친한 친구들끼리 방문하면 두 명은 사주가 아주 유사하고, 나머지 한 명은 반드시 상보성을 띤 사주를 가졌다. 마치 조화로움을 맞추는 공식처럼 말이다. 이건 정말이지 단 한 번도 예외가 없었다. 그들에게 셋 중 어느 둘이 더 친하냐 물으면, 유사성을 가진 두 명이 더 친하다고 대답했다. 그러니 친구 관계만큼은 유유상종이 진리인 것이다.

얼마 전 '버닝썬' 사건(서울 강남의 동명 나이트클럽을 중심으로 벌어진 폭행, 경찰 유착, 마약, 성범죄, 조세 회피, 불법 촬영물 공유 등 범죄 사건)에 이어 모 연예인의 집단성폭행과 불법촬영물 단톡방 공유 사건이 터지고, 그의 친구들이 전부 자신들은 모르는 일이라며 '손절'했다는 기사가 연이어 보도될 때, 나는 실소를 참을 수가 없었다. 특히 십여 년 지기의 '나는 아무것도 몰랐다'는 부정은 상식적으로 말이 되지 않는다. (사실은 별로 친하지 않았는데, 서로의 유명세를 이용하기 위해 대중 앞에서 친한 척한 것이 아니라면 말이다.) 사람과 사람이 어느 정도 친해지는 데에는 몇 개월의 시간이면 충분하지만, 상대에게 내 쪽에서 수용 불가능한 단점이 있거나 나와 코드가 안 맞는 사람이라면 길어야 1~2년 이내로 관계가 끝나게 마련이다. 성격이나 인격에 큰 결함이 있는 사람도 작정하면 몇 개월은 잘 숨길 수 있지만 연 단위의 시간이 흐르면 점차 본성이 드러날 수밖에 없기 때문이다. 그래서 '사람은 사계절을 다 겪어봐야 한다'는 말이 있다. 십여 년을 친하게 지냈으면 그의 범죄에 적극 동참까지 하지는 않았더라도 최소 방관이나 묵인을 했다는 이야기로밖에는 해석이 안 된다.

나는 방관이 비적극적 동의라고 생각하는 입장이다. 사람이 자신의 가까운 곳에서 벌어지는 무언가에 대해 해서는 안 되는 일이라고 생각한다면, 그냥 두고 볼 수 없는 게 정상적인 반응이다. 그것을 행하는 자에게 하지 말라고 말하거나 인연을 끊어내거나, 둘 중 하나 혹은 둘 다를 할 것이다. 내가 싫어하는 짓을 반복적으로 하는 사람이라면 거슬리고 혐오스러워서 어떻게 오랜 시간 가까이 두겠는가.

자신이 어떤 사람인지 문득 궁금해질 때, 가장 친하고 오래된 친구를 보면 된다. 친구는 나의 거울이다.

4장

저 사람은 왜 저럴까?

용기 있는 자로 살아라. 운이 따라주지 않는다면 용기 있는 가슴으로 불행에 맞서라.
- 키케로

거짓말과 약속

여기 두 사람이 있다고 가정해보자. 한 사람은 사주원국이 주로 금과 수로 이루어져 있고, 다른 한 사람은 목과 화로 이루어져 있다. 그 둘의 이름을 각각 '수금이'와 '화목이'로 부르겠다.

둘 중 누가 약속을 잘 지킬까?

정답은 당연히 수금이다. 음양오행에는 각 오행별 음양도 존재하지만, 거시적으로는 목화(木火)가 발산하는 양의 기운을 대표하고 금수(金水)가 수렴하는 음의 기운을 대표하는 특성을 지닌다. 발산하는 기운이 강한 화목이는 누가 부탁하지 않아도 자진해서 '내가 무엇을 해주겠다'고 말하지만, 결과적으로는 잘 지키지 않아서 거짓말이 된다. 단지 분위기를 좋게 만들기 위해서, 혹은 상대에게 좋은 사람으로 보이고 싶어서 마음에 없는 말을 하기도 하고, 그 순간에는 진심이었더라도 본인이 한 말을 곧 잊어버리고 마는 것이다. 그래서 화목이의 입에서 나온 말들은 반드시 지키겠다는 의지라기보다 '내가 그렇게 해주고 싶어'라는 마음의 표현에 가깝다. 반면 수금이는 남에게 잘 보이기 위해 마음에 없는 말을 하지 않는다. 그리고 자신이 한 말이든 남이 한 말이든 잘 잊지 않는다. 특히 상처받은 사건이나 불쾌한 일을 잊지 않는 경향은 모든 오행을 통틀어 금이 최고일 수밖에 없다. 마치 돌에 새겨놓은 듯이 기억하기 때문이다.

나는 수년간 명리를 공부하고 상담하며, 또 일상에서도 언제나 이 부분을 참 흥미롭게 지켜보았는데 예외란 거의 없었다. 목화가 발달한 이들은 내게 어떤 도움이 필요한 상황에서 적극적으로 다가와 듣기 좋은 말을 하지만 지키지 않아서 '결과적으로는 거짓말'이 되는 허언을 남발하고, 금수가 발달한 이들은 선불리 무언가를 해주겠노라 말하지 않지만 어느 날 진짜로 큰 선물을 들고 나타나서 불쑥 내밀곤 했다. 말의 진정성 면에서는 수금이가 무조건 승자인 셈이다.

화목이들은 자신이 그렇기 때문에 타인에게도 너그러운 잣대를 적용한다. '사람이 그럴 수도 있지'가 그들의 모토인 셈이다. 남이 자신의 부탁을 들어준다고 했다가 훗날 그 뜻을 거두더라도 사정이 있겠거니 하며 크게 분노하지 않는다. 그래서 '실없는 사람'의 사전적 정의는 화목이들의 성향과 매우 일치한다. 반면 수금이들은 약속을 잘 지키기 때문에 상대도 당연히 그럴 것이라는 믿음이 있다. 그래서 그 믿음이 깨졌을 때 굉장한 실망과 배신감을 느낀다. 각각의 성향은 사주 내의 오행이 한쪽으로 치우쳤을 때 가장 강하게 나타나며, 중화 사주들은 중간 정도의 성향을 지녔다고 보면 되겠다. 그때는 일간의 오행을 기준으로 삼으면 된다.

가령 금수의 영역에 치우친 나 같은 사람은 아주 친하거나 오래된 사이도 아니면서 메시지만 보내서 '언제 보자', '조만간 밥 사줄 테니 밥 먹자', '곧 상담받으러 가겠다'와 같은 말만 여러 번 하고 지키지 않는 사람은 이내 마음에서 삭제해버린다. 그 뒤로는 그 사람에 대한 호감이 사라지기 때문에 만남의 우선순위에서 맨 끝으로 배치하거나 아예 인연을 끊기도 한다. 그러니 수금이들에게는 지키지 못할 말을 자꾸 해서 신용만 잃을 바에야 확실하지 않다면 처음부터 아무 말도 하지 않는 게 낫다.

내 경우 역시 극단적인 수금이의 성향답게 빈말을 하지 않기 때문에 타인의 빈말도 수용하지 않고, 내 말의 진정성이 의심받는 상황도 굉장히 불쾌하게 받아들인다. 특히 명리를 배우기 전에는 아주 작은 것이라도 나에게 한 약속을 지키지 않는 사람은 진심을 다해 사과하는 모습이라도 보이지 않으면 바로 마음속에서 강등시키고, 나중에 내 쪽에서 상대가 원하는 걸 일부러 들어주지 않는 태도로 대응하곤 했다. 음의 기질이 강하다보니 타인에게 먼저 잘못하는 일은 거의 없는 대신, 너그러움이나 따뜻함이 부족했던 것이다. 물론, 약속이란 마땅히 지켜야 옳은 것이고, 인격적으로 훌륭한 사람이란 자신의 언행에 책임을 다하는 이라고 믿고 있는 것은 지금도 다르지 않지만 나를 포함한 세상의 모든 수금이들은 '세상 사람들이 모두 나와 같지는 않다'는 것을 늘 기억하고 경직된 사고를 하지 않는 자세가 필요한 것 같다. 때로는 자신의 정신 건강을 위해서라도 말이다.

반면, 화목이들은 지키지 못할 말은 아끼고, 이미 한 약속과 말에는 책임을 지기 위해 부단히 노력해야 한다. 얼마 전 내가 참가했던 독서모임에서 영화 〈관의 미로〉를 보고 토론을 한 적이 있었다. 영화에서 주인공 오필리어가 어떤 임무를 수행하던 중 절대로 그곳의 음식을 먹어서는 안 된다는 판의 신신당부를 무시하고 포도 몇 알을 집어먹었다가 자신도 위험에 처하고 요정을 죽게 만드는 장면이 있었다. 조마조마한 그 장면을 보면서 나는 '아, 꼬마가 말도 참 되게 안 듣네, 하지 말라는데 왜 저래…… 역시 인간은 지 인생 지가 꼰다'라고 생각했지만, 다른 모임원 몇몇은 '고작 포도 몇 개 먹었는데 너무한 거 아니냐'고 오필리어의 편에 서서 아쉬움과 불만을 토로했다. 나는 그 모습을 보며 웃음이 났는데, 속으로 필시 저들은 화목이겠구나 짐작했다. 음양의 기질이 이렇게나 다르다.

 허나 인간 세상은 원칙과 법에 의해 유지되기 때문에, 작은 약속 하나를 안 지켰을 뿐인데 돌아오는 대가가 너무 가혹한 것 아니냐는 불평은 큰 설득력을 가지지 못한다. 작은 일들은 언젠가 큰일이 된다. 작은 것이라도 원칙과 약속이 지켜지지 않는 곳에 가장 먼저 비집고 들어오는 것은 불신과 혼란이기 때문이다. 그러니 화목이들은 '약속은 지키라고 있는 것'을 마음에 새기는 것이 좋다. 믿음, 소망, 사랑 중 최고는 믿음이라고 생각하라. 그렇게 중용을 맞추는 것이다.

 각각의 개인은 자기 우주의 중심이지만, 우리는 사회적 존재이기에 타인과 융화되는 순간 다른 우주의 존재도 마땅히 인정해야 한다. '다름'에 대한 이해와 노력을 통해 그것에 가까이 갈 수 있다.

이제는 신살에 대한 대접이 바뀔 때

　사주를 전혀 모르는 사람도 도화살이니 역마살이니 하는 단어는 필시 들어보았을 것이다. 이런 '살'이라 불리는 것들은 명리의 카테고리 중 '신살류'에 속한다. 신살이라는 것은 명주에게 긍정적이고 복된 역할을 하는 신과 부정적인 뉘앙스를 풍기는 살로 나뉜다. 즉, 천을귀인이나 천덕귀인, 천의성, 천복성 등은 신에 해당하며 백호대살, 도화살, 역마살, 홍염살 등은 살에 해당한다.
　여기서도 역시 과거 기준의 이분법적인 특성이 많이 드러나는데, 농경 사회에서 잦은 이동을 뜻하는 역마살은 엄청난 흉살에 속했다. 삶의 불안정성과 객사의 가능성을 내포하고 있었기 때문이다. 옛날 사람들은 자신이 출생한 지역을 벗어나 멀리 떠나거나 떠도는 삶을 사는 경우가 드물었다. 암행어사라든가 고위 귀족의 자식으로 태어나 외국 유학길에 오르는 정도의 특별한 경우가 아니라면, 평범한 신분을 가진 사람의 역마는 천한 떠돌이 직업군에 종사하거나 자신이 태어난 마을에서

추방당함을 의미했다. 설령 신분이 높은 자라 할지라도 외국을 오가는 길은 지금과는 비교도 되지 않을 만큼 험난하고 안전이 보장되지 않았을 것이다.

하지만 지금은 어떠한가. 현대에 와서 역마살은 가장 환영받는 살이 되었다. 요즘은 누구나 유학이나 해외여행을 선망하고, 개인의 기질에 따라 외국 출장을 많이 다니는 직업이 선호되는 등 단조로운 삶보다는 변화를 기꺼이 반기는 시대가 되었다. 특히 한국을 벗어나고자 하는 청년층이 늘어나면서 20대 내담자들의 사주 상담에서 가장 많이 등장하는 주제 중 하나가 워킹 홀리데이와 이민이다. 시대가 바뀌면서 역마살에 대한 대접이 180도로 달라진 것이다.

'살'의 의미가 명주에게 해를 끼치는 무언가라는 관점에서 볼 때, 역마는 더 이상 '살'이 아니게 되었다. 나쁜 것은 살이고, 좋은 것은 신이니 이제는 역마신이라고 부르는 편이 좋을지도 모르겠다.

도화는 관종의 기운

도화살은 가장 곤혹스러운 유명세를 치르고 있는 신살이다. 온갖 자극적인 설들이 난무하고, 본래의 의미가 왜곡되어 뷰티 산업 마케팅에까지 활용되곤 하는 것을 볼 때마다 명리학자로서 눈살이 찌푸려질 때가 한두 번이 아니다. 나는 그 모든 잡음들을 한 번에 정리할 단어를 찾았다. 바로 '관종'이다.

글 시작부터 미리 알려두자면, 나는 관종이라는 단어를 비하나 욕으로 사용하지 않는다. '관심이 많이 필요하고, 그래서 관심 받았을 때 매우 즐기는 사람' 정도로 정의하며, 이 긴 문장을 단 두 글자로 줄였기에 굉장히 효율적인 단어라 생각하는 바. 인간은 모두 타인의 애정과 관심을 필요로 하지만 관종은 그 정도가 남들보다 더한 사람이라 보면 되겠다.

도화살에 대해 세간에 널리 퍼진 낭설들은 대충 이러하다.

- 외모가 아름답다.
- 치명적인 매력이 있어서 사람을 잘 꼬신다.
- 나쁜 남자가 꼬인다.
- 색기를 풍기고, 성적으로 문란하다.
- 화류계에 종사한다.
- 남편을 잡아먹는다.

다 헛소리다. 도화는 위의 모든 것들과 무관하며, 주체적으로 자기를 세상에 드러내는 동시에 타인의 시선을 원하는 기질로 정의될 수 있다. 한마디로 '관종의 끼'라는 말씀. 그래서 도화살이 있는 사람은 실제로 무슨 행동을 했을 때 (그게 좋은 것이든 나쁜 것이든 관계없이) 쉽게 주목을 받는다. 따라서 연예인과 같은 직업군에게는 필수적으로 필요한 신살이라고도 볼 수 있다. 카메라 앞에서 부끄러움을 타거나 끼가 없는 배우나 아이돌, 코미디언을 상상해보라. 방송이 얼마나 재미없겠는가. 그러므로 SNS 팔로워를 모으는 일 역시 도화가 없는 사람보다는 있는 사람이 절대적으로 유리하다.

앞서 역마살에서 설명했듯이 도화는 흉한 것에 해당하는 '살'의 꼬리표를 달고 있다. 이것과 관련해 우리가 한 가지 주목해야 하는 점은 도화살 소유자가 여성만 있는 것도 아닌데, 도화살에 관한 나쁜 이야기들은 전부 여성을 겨냥하고 있다는 점이다. 나는 평생 '도화살이 있는 남자는 나쁜 여자만 만나게 된다'와 같은 이야기는 들어본 기억이 없다. 어째서 남성의 도화살에 대한 언급은 거의 없으면서 여성의 도화살에 대한 기괴한 이야기만 떠돌까?

나는 그것에 대한 답을 여성과 남성의 성적자기결정권에 이중 잣대를 적용하는 사회 분위기에서 찾았다. 도화살이 남들 앞에 자신의 매력을 적극적으로 드러내고자 하는 기운이다보니 과거 보수적인 사회에서는 끼가 많은 여성은 일부종사를 하지 못할 거라는 남성들의 지질한 걱정과 두려움이 앞선 것이다. 결국 남성의 잠재적 결혼 대상으로 부적합하다는 것, 그것이 여성의 도화살에 대한 악담이 난무하게 된 결정적 원인이다.

지난해 한국을 떠들썩하게 했던 '미투 운동'(Me Too movement)을 지켜보면서 나는 도화살에 대해 다시금 생각해보게 되었다. 비단 미투 운동뿐 아니라 성범죄가 보도될 때마다 가해 남성과 사법부는 피해자에게서 원인을 찾고, 언론과 대중이 꽃뱀몰이를 하며 2차 가해를 저지르는 일은 한국 사회에서 낯선 풍경이 아니다. 과거에도 역시 '이 여자에게 도화살이 있어서 남자를 홀렸다'와 같은 책임 전가가 없었을 리 만무하다. 그 얼마나 변명으로 삼기 좋은 구실인가? 살면서 남성에게 나쁜 일을 많이 당해서 명리를 통해 그 원인을 찾으려 하는 여성에게 실력 없는 역술인이나 무속인이 "응~ 전부 도화살 때문이야~"라고 대답하는 건 또 얼마나 쉬운가. 그로써 모든 문제의 원인은 피해 여성 개인의 팔자 때문인 것으로 귀결되어버린다. 하지만 지금은 2019년이다. 만약, 누군가 사주 상담을 받으러 가서 아직도 이런 이야기를 듣는다면 과감히 자리를 박차고 나올 것을 권한다.

도화살 자체에는 길흉이 없다. 똑같이 도화가 있어도 재능과 실력이 갖추어진 사람은 그것을 바람직한 방향으로 사용하여 얻은 인기로 성공을 거둘 것이고, 재주도 역량도 모자란 사람이 도화를 써먹으려 들면 보는 사람만 부끄러워진다. 왜냐하면 도화살 자체가 나대고 싶은 기운임은 분명하나 그 사람의 실력까지 보장해주지는 않기 때문이다. 만약 인성이 추한 자가 도화살을 여러 개 소유하고 있으면 나쁜 짓을 해서라도 관심받고 싶은 어린아이처럼 행동해 유명세는 탈지언정 사회적 물의를 일으키는 사람이 되기도 한다. (자꾸 이상한 소리 하고 욕 엄청 먹는데도 방송에 계속 나오는 그런 사람들 말이다. 전형적인 도화살의 부작용이랄까.)

도화살은 외모나 연애와도 거의 무관하다. 나의 지인 중에 도화살만 세 개를 갖춘 사람이 여럿 있다. 물론 미의 기준은 시대마다 다르고 그에 대한 평가는 지극히 개인적인 것이라 생각하지만, 우리 시대의 보편적인 잣대를 들이댄다면 그들 중 절반 정도는 자타가 공인하는 추남이다. (조선 시대에는 미남이었을지도 모를 일이다만.) 또한 상담을 하면서 불특정 다수의 사람들을 매일 접하는 내 경험에 근거한 통계상 도화살 소유자의 비율이 대단히 희귀한 것도 아니기 때문에, 그들 중에는 인기 없는 타입이나 모태 솔로도 반드시 있다. 진정 도화가 치명적인 색기를 마구 뿜어내는 마성의 매력이라면, 이 세상에 '도화살 풀장착 모태 솔로'가 존재해서는 안 되지 않겠나?

자기 PR이 생존력인 시대를 살아가는 현대인에게 도화살은 결코 흉한 신살이 아니다. 비단 연예인뿐만 아니라 일반인들에게도 삶을 적극적으로 영위하거나 자신의 업무 결과가 주목받는 것에 도움이 되기 때문이다.

당신은 카리스마형 리더 : 괴강살

　괴강은 신살류 가운데 신과 살의 의미를 동시에 지니는 특이한 신살이다. 이름에서 눈치를 챘겠지만 우선적으로 살에 해당하며 '귀신의 우두머리'라는 무시무시한 뜻으로 알려져 있으나 정확한 사전적 의미는 '괴수 괴(魁)' 자에 '북두칠성 강(罡)'을 써서 북두칠성 가운데 가장 큰 별을 뜻한다. 경진, 경술, 임진, 임술을 괴강이라 칭하며 역시 기준은 일주가 된다. 무진, 무술도 괴강 또는 준괴강으로 보는 명리학자들이 있으나 나의 경우 무술은 괴강으로 보지 않으며, 무진은 준괴강으로 간주한다. 이 중에서도 오행의 특성상 단단한 금 일간인 경진과 경술일주가 괴강 중에서도 가장 강한 편이다. 시주나 월주에 괴강이 들어와도 영향력은 있으며, 일주에 있으면서 시주나 월주에도 있으면 더욱 강력한 힘을 발휘한다. 모든 신살은 연주에 있을 때 그 영향력이 가장 작다.
　괴강살은 대표적으로는 모든 사람을 제압하는 강력한 힘을 상징하고, 총명하면서도 엄격한 성향, 크게 성공하여 대부대귀하거나 반대로 극천극빈을 오가는 극단성과 살생을 즐기는 난폭한 성질 등을 의미하기도 하나, 현대적인 표현으로 정의하자면 '강한 카리스마'다. 괴강이 있는 사람들은 소위 '쎈캐'(센 캐릭터)이기 때문에 사주에 괴강이 두 개 이상이거나 인성과 비겁이 많아 신강하면 한눈에 보기에도 강성한 기질이 겉으로 드러나고, 관성과 식상과 재성이 많으면 상대적으로 완화되어 보이는 경향이 있다.

괴강이 있는 사람과는 웬만하면 크게 다투거나 척을 지지 않는 것이 좋은데, 이들은 쉽게 화내지 않지만 한번 화가 크게 나면 특유의 과단성과 잔인함이 발휘되어 평범한 사람이라면 상상도 못한 결말로 치달을 수 있기 때문이다. 하여 고서에서는 괴강살이 있는 사람은 무관의 명식이라 보았다. 지금으로 치면 군인과 경찰쯤에 해당할 것이다.

'남자는 괜찮지만 여자는 안 되는' 전통 명리의 분위기상 괴강살은 여성에게 최악의 흉살로 불린다. 남성의 경우 예나 지금이나 강한 성정을 지닌 것이 사회생활에 유리하다 보았으나 여성은 오직 '남성과 화합하지 못한다'는 이유 하나를 들어, 외모는 아름다울지언정 남편 복이 없다느니 과부가 된다느니 온갖 악담은 다 만들어 붙이곤 했다.

여성의 괴강살을 헐뜯는 이유는 간단하다. 괴강의 글자들은 천간과 지지가 모두 힘이 센 양의 글자들로만 구성이 되어 있기 때문이다. 그 시절의 세계관에서는 스케일이 크고 좋은 것으로 치부되었던 양의 글자들이 마땅히 남성의 차지가 되어야만 하는데, 여성이 그런 글자들을 갖고 태어난 것이 어지간히 배 아팠던 모양이다. (정확히 같은 이유에서 갑진일주 여성이나 병진일주 여성의 사주 해석도 좋지 못한 경우가 많다.) 거기다 대장 기질까지 있는 괴강의 여성은 살랑거리며 남자의 비위를 맞추지 않을 테니 당연히 좋은 소리가 나올 리 만무한 것뿐이다.

괴강이 강한 사람은 성별에 관계없이 자신이 리더가 되거나 권력을 휘두를 수 있는 직업을 갖는 것이 좋다. 고서에 나온 대로 군인이나 경찰 또는 사법 계통 등으로 진출했을 때 크게 성공할 수 있는 가능성을 내포하고 있으며, 자신의 타고난 기질을 마음껏 발휘할 수 있기 때문이다.

눈치가 빠른 사람이라면 이미 알아챘겠지만, 명리에서 여성이 갖고 있으면 아주 해로운 것으로 취급하는 모든 신살 및 사주 구성은 식민자로서의 남성 집단이 피식민자인 여성 집단을 소유하고 지배하는 데 성가시고 방해가 될 만한 요소를 갖추었을 때 성립한다. 지배당하는 자는 영리해서도, 자기 의사를 강하게 표현해서도, 자유로워서도, 고개가 빳빳해서도, 재능과 끼를 마음껏 표출해서도 안 되기 때문이다. 이 전제를 먼저 기억하고 명리를 공부하면 명리학이 어째서 이토록 성차별적인지 쉽게 납득할 수 있으며, 이 시대를 살아가는 우리 입장에서 무엇을 거르고 무엇을 받아들여야 하는지 스스로 깨닫게 된다.

나는 명리의 수많은 성차별적인 이야기들 중에서도 특히 괴강살이 여성들에게 각성을 이끌어낼 한 가지 화두를 던지고 있다고 생각한다. 지극히 상식적으로 생각할 때, 예쁘고 똑똑한 사람이 그렇지 못한 사람보다 잘 살아야 옳지 않을까? 남성에게는 정상적으로 작동하는 시스템이 여성에게는 반대로 작동한다면, 그 사회는 과연 정상적인 사회인가?

최악의 흉살, 백호대살의 진실

　신 중 가장 좋은 신은 천을귀인(天乙貴人), 살 중 가장 무섭고 꺼려지는 살은 백호살이라 불리는 백호대살(白虎大殺)이다. 이 백호살이 일주에 있으면 자신, 월주나 시지에 있으면 자신의 직계가족이 피를 뿌리며 죽는다는 설로 알려져 있으며, 과거에는 진짜로 호랑이에게 물려가 죽는다고도 했다.

　백호대살이 있는 일주는 갑진, 을미, 병술, 정축, 무진, 임술, 계축 이렇게 일곱 가지인데, 남성의 경우도 좋다고 보지는 않으나 이 역시 여성에 해당할 때 더 나쁘게 보았다. 왜냐하면 (그놈의) 배우자와 문제가 생긴다고 보았기 때문이다.

　호랑이를 만나보기도 힘든 요즘 세상에 백호살은 과연 어떻게 작용할까? 나의 임상적 경험에 따르면 이것은 준괴강 정도의 힘으로 여기는 것이 바람직하다. 일주 백호살이 있는 사람들은 예외 없이 고집이 상당히 세다. 괴강만큼의 카리스마는 없으나 일의 추진력이나 주체성도 강하기 때문에, 자기 기운이 절대 약하지 않은 이들이다. 그것만으로 좋고 나쁨을 말할 수는 없지만, 고집이 세다는 것은 한편으론 미련한 성격임을 뜻한다. 현명한 이는 고집을 부려야 할 상황과 아닌 상황을 나누어 대처하지만, 백호살처럼 모든 상황에서 고집이 센 사람은 고집이 아닌 '똥고집'이라 불리는 게 더 맞을지도 모르겠다.

그러니 이들의 배우자 관계가 평탄하지 못한 것도 괴이한 불운의 살이 그들을 따라다니며 괴롭혀서라기보다는 자신들의 고집스러운 성격이 원인이라고 보는 것이 더 적절하다. 또한 과거에는 주체적이고 고집 센 성격의 여성은 가정의 리더인 남편의 뜻을 따르지 않음으로 인해 불화가 잦다고 보아 더 나쁘게 취급했지만, 현대사회에 와서는 이 부분에서 더 이상 성별에 따른 차이는 없어야 한다고 생각한다.

그렇다면 백호대살은 어떻게 사용하는 것이 좋을까? 최악의 흉살이라는 수식어가 붙은 만큼 일부 어리석은 이들이 공포심을 이용해 돈을 버는 영성 사기꾼에게 속아서 백호대살을 없앤다고 비싼 굿을 하거나 부적을 사기도 하는데, 단언컨대 그 모든 행위는 다 부질없는 짓이다. 사주란 사진처럼 자신이 태어나는 순간 찰칵 하고 박힌 것이므로 죽고 다시 태어나지 않는 이상 이미 소유하고 태어난 것들을 절대로 바꿀 수 없다.

백호살 소유자가 그것을 현명하게 사용하는 방법은 자신의 추진력과 고집을 오직 정당한 명분 아래 바른 일을 할 때 사용하는 것이다. 그러기 위해서는 이러한 기질을 발휘하는 것이 장점이 되는 직업군에 종사하고, 정치적으로 올바른 가치관을 가져야 할 것이다. 명리에서 가장 중요한 것은 명식의 주인이 '무슨 일을 하며 살아가냐'이기 때문이다. 만약 나쁜 일에 이것을 사용한다면 그 결과는 반드시 자신에게 해로움으로 돌아온다. 사주는 자신의 기질을 직업적으로 잘 활용하여 풀어낼 때 [업상대체(業象代替)] 흉함이 감소된다. 백호살을 가진 사람들은 이 점을 반드시 기억해야 할 것이다.

경쟁심은 비겁의 힘

어떤 사람의 경쟁심이나 시기심, 협동심이 강한지 여부를 판단하려면 비겁의 존재 유무를 보면 된다. 비겁이란 비견과 겁재를 통칭하는 단어로 음양에 관계없이 일간과 같은 오행을 의미한다. 예를 들면, 일간의 오행이 금인 사람에게는 경금과 신금이 비겁이고, 화인 사람은 병화와 정화가 비겁이 되는 것이다. 만약 내 일간이 목인데, 사주에 일간 외에는 목이 없다면 무(無)비겁자다.

무비겁자와 비겁다자는 타인에 대한 생각에서 그 차이가 드러난다. 무비겁자들은 사주 내에 타인의 존재에 대한 개념이 없기 때문에 남들과 자신을 비교하는 일에 별로 관심이 없으며, 사람 사이의 의미 없는 힘겨루기 및 중요하다고 여겨지지 않는 경쟁은 기피하는 경향이 강하다. 왜냐하면 사소한 경쟁의 상황들에 대해서 불필요하거나 때론 한심하다고 여기기 때문이다.

내가 무비겁자를 대표해서 말해보자면 개인적으로 가장 싫어하는 일 중 하나가 오랫동안 아주 길게 줄 서야만 입장할 수 있는 상점이나 식당 앞에서 기다리는 것, 블랙 프라이데이 같은 마트나 백화점 폭탄 세일 때 원하는 물건을 쟁취하겠다고 체면 다 내던지고 육탄전을 벌이는 행위 같은 것들인데, 피곤해서라도 그냥 양보하고 만다. 대인관계에서도 나를 라이벌로 여기거나 혼자 투지를 불태우는 상대를 만나면 사실 어떻게 해야 할지 잘 모르겠다. 이쪽에선 싸우고 싶은 생각은 고사하고, 상대에게 관심조차 없어서 말이다.

반면 비겁다자들은 타인을 끊임없이 의식한다. 무리 속의 자신에 대한 생각을 계속 하기 때문에 비교하길 좋아하고, 작은 것이라도 경쟁 구도로 만들어서 이기는 상황을 즐긴다. 그중에서도 겁재는 시샘과 질투의 대마왕이다. 남에게 내 것을 빼앗길지 모른다는 불안과 공포, 그리고 사소한 것이라도 지기 싫은 마음이 겁재의 특성이다. 그래서 천간에 겁재가 투간한 사람은 누구보다 시기심이 강한 인간형이다. 그런 부분이 남보다 나아지고자 하는 노력으로 이어져 자기 발전의 형태로 나타날 경우엔 긍정적으로 작용하지만, 자신보다 우월한 타인과 자꾸 비교하면 열등감과 시샘, 자격지심을 느끼는 형태로 발현되면 성격적 결함과 정신적 피곤함만이 따를 뿐이다. 게다가 아이러니하게도 겁재가 강한 비겁다자일수록 질투심은 강하지만 결과적으로는 본인이 경쟁에서 패배할 가능성이 매우 높다. 그래서 비겁은 (특히 천간에) 많을 때 가장 안 좋은 십성이며, 천간에는 아예 없고 지지에만 한 개 정도 있는 것이 적당하다.

여기서 오해하지 말아야 할 한 가지는 무비겁자가 경쟁심이 낮다고 해서 호전성이나 승부욕이 아예 없다는 말은 아니라는 것이다. 무비겁자들은 오직 자기만족 중심주의다. 어떤 성취를 이룰 때, 타인과 비교해서가 아니라 자신이 정한 기준에서 원하는 만큼의 수준에 도달하고자 한다. 그러므로 자신의 삶에 대한 기대치가 아주 낮은 사람이 아니라면 그것만으로도 공부나 일에서 높은 성과를 내기엔 충분하다. 오히려 과도한 경쟁심으로 인한 스트레스를 받지 않아 마음이 평온하며, 에너지를 써야 할 곳에만 집중할 수 있는 장점도 있다. 인간 세상을 발전시킨 중요한 기술들은 대부분 혼자 몰두했던 내향적인 사람들에게서 나왔다는 점을 잊지 말자.

타인에 대한 생각을 계속 한다는 것은 타인의 입장에 대한 공감과도 연관이 있어서 비겁다자들은 공감 능력이 뛰어난 장점이 있다. 비견이 발달한 사람은 남의 처지에 깊게 공감해주기 때문에 인간미가 있게 느껴지며, 좋은 친구가 될 가능성이 높다. 여럿이 협동하여 도모하는 일에서도 무비겁자보다 전적으로 유리한 편이다. (만약, 겁재가 너무 강하면 본인이 가장 주목받고자 하는 성격으로 인해 미움을 살 수도 있다.) 그러므로 팀 프로젝트나 공동 과제, 단체로 하는 운동 등이 적성에 잘 맞는 활동이라 할 수 있겠다. 무비겁자는 혼자 하는 일이 편하고, 그렇게 했을 때 더 좋은 성과를 낸다. 비겁다자에 비해 타인에 대한 관심이나 공감력은 상대적으로 떨어지며, 사람들과 부대끼는 일에서 받는 스트레스에 취약한 편이다.

덧붙여 타인에 대한 공감 능력은 비겁의 유무가 가장 크게 작용하기 때문에 일반적으로 알려진 것처럼 성별에 따른 것이 결코 아니다. 생물학적 여성이라고 해서 선천적으로 공감 능력을 타고나는 것도, 남성이라고 특별히 공감 능력이 결여된 채 태어나는 것도 아님을 명리학적 근거를 들어 이 책에서 못 박는다.

　무비겁자와 비겁다자는 확실히 서로를 이해하기가 어렵다. 아마도 무비겁자 쪽에서 조금 더 어려울 것이다. 내가 명리를 배우기 전에 사귀었던 비겁다자 연인과 이런 대화를 나눈 기억이 있다. 그의 차를 타고 고속도로를 달리다가 휴게소에 들어가고 싶다고 말했더니 그는 별로 달가워하지 않으며 "그럼 그동안 아까 내가 지나온 애들이 다시 날 앞질러 가잖아. 휴게소 갔다 와서 걔들을 다시 추월해야 한다고 생각하면 한숨 나와"라고 말했다. "아니, 각자 목적지가 다른데 그게 무슨 말이야? 다들 자기 갈 길 가는 거지. 지금 아무도 모르게 혼자서 경주 중이었던 거야?"라고 반문하고선 속으로 진지하게 '바보인가……'라고 생각했다.

　무비겁자가 비겁다자를 바라보는 마음은 다음과 같은 상황에서도 단적으로 드러난다. 누군가와 대화를 하며 어떤 작은 주제에 대해서 아는 것을 이야기했는데 갑자기 상대가 내기처럼 받아들이고 자기 지식 늘어놓기로 대화의 흐름을 바꿔버린다면, 비겁다자는 꿀리기 싫어서 질세라 더 많이 말하겠지만, 무비겁자는 걸려들지 않고 속으로 '이상한 (혹은 상당히 유치한) 사람이다……'라고 생각할 뿐이다. 만약 이때 대화의 흐름을 바꾼 사람이 비겁다자라면 자기가 이겼다고 즐거워하겠지만 진실은 무비겁자에게 무시를 당했을 확률이 크다. 참으로 재미있게도 인간 세상은 이러한 동상이몽의 현장이다.

인성의 부작용

"엄마, 오늘 자고 일어났더니 어제처럼 천식 증세가 심하지는 않고, 다리에 이런 두드러기가 났는데 (신체 사진 첨부) 음식을 어디서 뭘 해서 먹었고 (음식 사진 첨부)……." 나와 같은 유전자를 공유한 이들이 모여 있는 단톡방에서 매일같이 오가는 대화의 패턴이다. 수년 전에 결혼해서 가정을 이루어 외국에 살고 있는 동생과 엄마의 대화. 어디가 아프면 뭘 먹으라는 조언과 함께 또 다른 곳이 안 좋은 것은 아니냐는 걱정의 꼬리를 물어 내일도 사진을 찍어 보내라는 내용으로 릴레이를 이어간다. 가끔 동생의 메시지가 뜸하면 나에게 긴급히 연락해 동생에게 무슨 일이 생긴 것은 아닌지, 내게 따로 연락하지는 않았는지 확인하는 극성스러움도 몇 달에 한 번 정도 목격한다.

나는 이따금씩 두 사람이 진심으로 이해되지 않는다. 세 살도 열세 살도 아닌 삼십 몇 살 먹은 딸이 일거수일투족을 보고하게끔 만드는 엄마도 그렇고, 그걸 전부 받아주면서 오늘은 무얼 먹었는지와 딱지 하나,

두드러기 하나 난 것까지 모조리 보고하는 동생도 그렇고…… 절레절레. 아, 물론 명리학적으로는 그 원인을 아주 잘 알지만 말이다.

이것은 십성 중 어머니를 뜻하는 인성의 작용이다. 물론, 인성이 이런 작용만 하는 것은 아니지만 정인이든 편인이든 인성은 혈육 중에서 오직 어머니를 가리킨다. 동생은 인성이 강한 사주팔자를 갖고 있다. 월일지(月日支)가 모두 인성이고, 다른 십성인 시지(時支)마저 인성의 성질을 더욱 강하게 해준다. 인성 발달과 과다의 중간쯤의 경계에 있다고 해야 할까. 소위 말하는 인다녀, 인다남의 명식에 해당하는 것이다.

사주에서 인성이 과하면 팔자 안에 어머니, 어머니, 어머니, 어머니…만 있는 것과 같은 형태이다. 당연히 '내 속에~ 엄마가 너무 많은~' 마마걸, 마마보이가 될 확률이 아주 높다. 게다가 인성과다인 사람은 자식 사랑이 끔찍한 어머니 밑에서 태어난다. 아니, 난 이걸 자식 '사랑'이라고 표현하는 것이 옳은지 잘 모르겠다. 실제로는 과한 '참견'이나 '간섭' 내지는 '집착'일 때가 많으니까. 그래서 인성다자의 어머니는 식상이 발달하거나 과다한 사람일 확률이 높다. 전업주부라면 본인의 에너지가 모두 자식에게 쏠리는 타입이다. 자식의 일은 무엇이든 다 알아야 하고, 적극적으로 관여해야 직성이 풀리는 어머니 때문에 인성다자들은 게으르거나 자기만 아는 성격으로 성장하기가 쉽고, 성인이 된 후에도 어린아이처럼 굴면서 자연스레 습관적으로 어머니에게 의지하곤 한다.

내 어머니 역시 식상이 과다한 타입인데, 인성이 강한 동생은 어머니의 식상을 모두 수용하고 받아주는 편이라 상호작용이 원활한 모녀 관계를 이루지만, 인성보다 식상과 재성의 세력이 더 강한 나의 경우는 다

받아주지 않는다. 엄마 입장에서야 당연히 인성이 강한 딸이 더 살가운 딸일 것이다.

사주팔자의 개운법은 균형을 맞추는 것이기 때문에 인성다자일수록 어머니와 떨어져 독립심을 키우는 것이 좋지만, 반대로 엄마랑 밀착해서 살아가는 경우를 훨씬 더 많이 본다. 대개 자녀가 원해서라기보다는 어머니 쪽에서 자녀가 떠나가는 걸 참지 못하고 서운하다며 성화를 하는 통에 물리적 또는 정신적으로 독립을 할 수가 없게 되는데, 단호하게 말하자면 적극적으로 자식을 망치는 어머니라고 볼 수 있다. 명리에서는 이것을 모자멸자(母慈滅子)라고 부른다. 어머니의 과한 사랑이 자식을 망쳐 불길하게 만든다는 뜻이다.

상담을 하면서 간섭이 유난한 어머니로 인해 자주 갈등을 빚고 스트레스를 받는 인성다자들을 만나는 건 새삼 놀라운 일도 아니지만, 극단적인 경우에는 서른이 훌쩍 넘었는데 어머니가 위험하다고 극구 반대를 해서 해외여행을 단 한 번도 못 가봤다거나 스무 살 이후로 죽 통금이 7시여서 연애를 제대로 해본 경험이 없다는 내담자들도 있었다. 그러고선 마흔을 바라보는 자식에게 이제 와 왜 결혼하지 않느냐고 타박을 한다니…… 정말이지 황당한 노릇이 아닐 수 없다.

인성다자의 어머니 중 최악은 자녀의 학교나 직업, 직장뿐 아니라 배우자까지도 자신의 기준대로 고르려 드는 '총각귀신 메이커' 타입인데, 이런 경우는 운 좋게 결혼이 성사되더라도 간섭으로 인해 당연히 자녀의 행복한 결혼 생활에는 일말의 도움이 되질 않으며 배우자가 되는 사람의 입장에서는 부담스러운 시어머니일 수밖에 없다.

과거에 어머니가 나와 비슷한 일을 현업으로 하고 계시는 지인에게서 작명 의뢰를 받고 의아해했던 기억이 있다. 왜 어머니께 부탁드리지 않고 내게 의뢰를 했는지 묻자 그쪽에서 이렇게 대답했다.

"저희 어머니는 저를 많이 사랑하시는 것 같기는 한데, 연락이 잘 안 됩니다. 그래서 뭘 기대하기가 어렵습니다. 평소에 제 카톡에 답장도 절대 안 하시거든요. 어릴 때부터 쭉 그랬어요."

그때는 뭐 그런 어머니가 다 있나 하고 갸우뚱했는데, 작명을 위해 그분의 사주를 받고 나서 '아하~!' 소리가 절로 나왔다. 지인의 사주가 엄청난 인성과다의 명식이었기 때문이다. 아마도 그분의 어머니가 명리를 모르는 분이었더라면 가까이에 두고 자식을 열심히 망쳤을(?) 테지만, 알고 있기에 일부러 지나칠 정도로 멀리하는 깊은 뜻이 읽혔다. 역시, 명리를 아는 것은 큰 힘이다.

상관은 진짜 흉신일까?

　식신과 상관, 묶어서 식상이라 불리는 이 두 가지는 '나로부터 나온다'는 개념에서는 동일하나 명리학 내에서 둘을 취급하는 태도는 천지 차이다. 고서에서 식신은 식복을 의미하니 4길신의 하나로 좋은 것이고, 상관은 정관을 공격한다는 이유로 4흉신 중에서도 최강으로 흉한 것이라고 분류를 해버리기 때문이다. 때로 혹자들이 나에게 "선생님, 저는 상관 같은 (나쁜) 건 하나도 없고, 식신만 있는데요" 하고 말하기도 하는데, 이는 정말 아마추어 중에 아마추어 같은 소리가 아닐 수 없다.

　고전 명리에서는 상관에 대해 사직신(辭職神, 벼슬에서 물러나게 만드는 십신이라는 뜻으로, 현대적으로는 직장을 그만두게 만드는 십성을 의미)이니 과장과 허세의 아이콘이니 온갖 부정적인 소리들을 가져다 붙이지만 그런 성향도 주로 남성들에게서 강하게 나타나는 것이 일반적이며, 상관에 해당하는 오행이 무엇이냐에 따른 차이가 크다. 상관이 사직신이라 불리는 한 가지 이유는 상관이 강하면 강할수록 공익성과 정의감이 강하기 때문인데, 그것을 뒤집어 생각하면 정의로운 사람은 회사 생활이 어렵다는 말이 된다. (그것만으로도 이 사회가 썩었다는 반증이 아닐까?) 또 다른 이유는 상관이 십성 중 유일하게 도화살과 비슷한 작용을 하기 때문이다. 앞서 설명했듯 도화는 자신의 끼를 발산하는 것이니 개성이 강한 사람은 조직 생활에 맞지 않는다는 이야기를 하고 있는 것이다. 참으로 개인의 다양성을 존중하지 않는 사회에서 나올 법한 해석이다.

상관은 남의 눈을 지나치게 의식하는 무의미한 겉치레(관성이 만든 폐해)와 솔직하지 못한 것, 변화와 발전이 없는 것, 치졸하고 지질한 것들을 혐오하기 때문에, 안정적이고 보수적인 것을 선호했던 전통 사회에서는 기존의 룰(정관)을 깨버리려는 골칫덩어리 취급을 받았다.

상관이 발달한 사람들의 특징은 어린아이 같은 호기심과 순수함, 불의를 보면 참지 못하며 약자의 입장에 공감하는 정의감과 세상을 더 좋은 쪽으로 바꾸는 데 한 몸 기꺼이 불사르는 순진함이다. 한마디로 충동적이고 폼나는 반항아이자 혁명가 타입이라는 이야기다. 상관이 많은 사람은 기본적으로 '호기심 천국'이라 뭐든지 직접 부딪쳐보고 알려 하는 경향이 강하다. 뭘 하더라도 자기 손으로 직접 만들어야 직성이 풀리고, 다른 사람에 대해서도 남들의 평가에 의존하기보다는 직접 겪어보고 난 뒤 판단하려 한다. 그렇기 때문에 본인은 상당히 수고스럽고, 가까운 사람들에게서 '넌 꼭 똥인지 된장인지 찍어 먹어봐야 알겠냐'고 빈축을 사기도 한다. 그러나 이런 모험가적인 성향이 없다면 세상은 더 나은 쪽으로 발전하지 못했을 테니 꼭 나쁜 것으로만 치부해서는 안 된다.

식신과의 차이점을 비교한다면, 개인적 실속은 별로 없는 상관형의 사람과는 달리 식신의 사람은 자기 밥그릇을 우선적으로 챙기는 모습을 보인다. 그러니 당사자의 일신의 안위를 생각한다면 상관보다야 식신이 이로울 것이다. 상관 발달자는 매번 정의감 더하기 오지랖을 펼치며 부당한 대접을 받는 사람을 도와주려 나섰다가 본인이 더 큰 손해와 상처를 입는 경우가 부지기수다.

타인에게 잘 베풀고, 자기표현을 잘하거나 창의력 및 창조력이 뛰어난 경향은 식신과 상관 양쪽 모두 같으나 식신은 언제 어디로 튈지 모르는 상관보다는 점잖은 느낌을 주고, 연구 심리가 강하기 때문에 학자나 연구직 종사자에게 특히 커다란 도움을 준다. 상관은 투덜이 스머프처럼 불만이 많으면서 세상에 없던 새로운 것을 보기 좋게 만들어내는 일에 능하기 때문에 아이디어 뱅크나 발명가, 예술가, 이론가, 비평가 등의 직업을 하면 좋고, 연예인이라면 댄서나 래퍼의 이미지에 딱 맞는다.

식상이 혼잡되어 있으면 결과적으로는 상관의 야당성이 강하게 드러나기 때문에 사주에 상관은 아예 없고, 식신만 하나 있는 것이 좋다는 설이 정석처럼 알려져 있으나 나는 이런 이야기를 단순하게 보편화해서는 안 된다고 생각한다. 왜냐하면 내가 임상에서 만나본 식신이 하나만 있는 사람들은 그 식신이 공격당하는 운을 만났을 때 밥그릇의 위협을 받게 되는 경우가 많았고, 사주 구조 내에서 극을 받아 도식(倒食)되는 경우는 평생 빈곤하게 살게 되기 때문이다.

명리에서 어떤 십성이 하나만 있는 게 좋다는 이야기는 주변에 그 십성을 공격하는 녀석이 없을 때라는 걸 기억해야 한다. 언제나 말하지만, 운명학은 매우 복잡한 학문이라 어떤 명제 하나만으로는 간단히 답을 줄 수 없다.

달라서 싫은 사람

언제인지 정확히 기억나지 않지만, 유시민 작가의 강연 중 세상에는 말이 통하는 사람보다는 통하지 않는 사람이 훨씬 많은 것이 당연하다는 이야기를 듣고 깊은 공감을 한 적이 있다. 말이 잘 통하는 타인을 만난다는 것, 이것은 엄청난 즐거움이자 행운이다. 인간은 사회적 존재이면서 동시에 개별적이고 개인적인 존재이다. 사람 사이에 섞여서 살아야 하기 때문에 '사람 인(人)'에 '사이 간(間)' 자를 써서 '인간(人間)'이라 부르지만, 사람들 사이의 갈등은 누구에게나 필연적으로 따라오게 마련이다. 사람으로 인한 스트레스는 우리가 평범한 일상에서 겪는 스트레스 중 가장 큰 것이며, 아무리 가까운 사이라도 타인에게 나 자신을 온전히 이해받기란 불가능에 가깝다.

개인적으로 그다지 좋아하지는 않지만 심리학의 토대를 마련한 지그문트 프로이트 역시 자신이 죽기 전 지나온 삶을 회상하며, 완벽하진 않더라도 완벽에 가깝게 자신을 이해했던 타인들이 존재했음을 자신이 행복한 삶을 살았다는 한 가지 증거로 꼽았다. 그만큼이나 타인을 이해하고, 타인에게 이해받는 일은 우리 모두에게 어려운 과제라고 볼 수 있다.

말이 통하지 않는 것, 상호 간의 이해가 불가능한 것, 그것의 가장 근본적인 이유는 사람이 제각각 너무나 다르기 때문이다. 특히 사람들은 자신과 반대되는 구조의 사주를 가진 타인을 동경하거나 부러워하기도 하고, 불편해하거나 미워하기도 한다. '원초적 다름'에서 기인한다고 생각하면 그 단계까지 갈 일도 아닌데 말이다.

이를테면 상관의 사람과 정관의 사람은 사고방식 자체가 너무나 다르다. 보수성과 기존의 사회 질서를 유지하고 따르려는 정관의 입장에서는 자꾸 문제 제기를 일삼으며 개혁을 하려 드는 상관이 트러블 메이커로 비춰진다. 반면 문제점이 보이면 절대로 외면할 수 없는 상관의 눈에는 썩은 것을 도려내지 않고 현실에 안주하려 드는 정관이 비겁한 게으름뱅이라 못마땅한 것이다.

인성다자와 무인성자, 비겁다자와 무비겁자의 경우 역시 상반되는 심리를 가진다. 그래서 무인성자들이 성인이 되어서도 아이처럼 구는 인성다자를 혐오하는 모습이나 무비겁자가 매사에 타인과 자신을 비교하는 비겁다자를 유치하고 피곤한 사람으로 여기는 것도 과히 이상한 현상은 아니다.

음양의 기운이 너무 극명한 차이를 보여도 마찬가지이다. 극도로 조용하고 차분한 사람이 지나치게 활기찬 사람을 대면했을 때, 밝음이 전염되는 것이 아니라 오히려 그 소란함이나 산만함에 불쾌감을 느낄 수 있다. 이처럼 자신에게 반대되거나 없는 것은 도무지 이해할 수 없는 형태의 무언가이기 때문에 그 차이점이 도드라지고, 그런 사주를 가진 타인에게 우리는 커다란 이질감을 느낄 수밖에 없다. 그 이질감이 때로는 거부할 수 없는 매력으로, 때로는 거슬림과 커다란 불화의 원인으로 다가오는 것이다.

나와 너무 다른 유형의 사람이 모부나 자녀, 직장 상사일 경우 문제가 심각해지기도 한다. 양육 과정에서 문제가 발생함은 물론 가정 내 불화의 주범이 될 수 있으며, 직장이 지옥이 되는 상황이 연출되어버린다. 나는 해가 거듭될수록 서점에 인간관계로 인해 상처받은 사람들을 위한 심리학 도서가 점점 늘어나는 장면을 목격하면서 마음이 안타까울 때가 많다. 모든 사람과 잘 지내는 방법은 없다. 상처받지 않고 살아가는 방법도 없다. 타인과의 관계 맺음에는 크든 작든 상처가 따라오기 때문에, 세상에는 잘 맞는 사람보다는 맞지 않는 사람이 더 많을 것이라는 믿음을 전제하는 것이 필요하다. 그리고 때론, 잘 지내려 하기보다 인연을 잘라내는 것이 더 나은 순간도 있다.

명리가 모든 것의 해답은 아니지만 명리를 알면 적어도 나와 타인의 다름을 알고 받아들이는 측면에서는 도움이 된다. '저 사람은 저렇게 태어나서 그런 상황에서 그렇게 반응할 수밖에 없겠구나'라는 마음을 갖게 될 때쯤에는 확실히 덜 힘들어지니 말이다. 물론 머리로 알더라도 마음에서 느껴지는 것은 다를 수 있지만, 인간으로 태어나 다른 사람을 온전히 이해하려 노력하는 행위만큼 이타적인 일도 없다고 나는 생각한다.

운명의 부익부 빈익빈

　심리 치료 센터에 심리적 문제 및 정신과 질병을 안고 있는 사람이 찾아오듯, 사주 상담 역시 그러하다. 사주가 좋은 사람은 사주 상담을 받으러 잘 오지 않는다. 상담을 하다보면 마흔 넘게 단 한 번도 사주를 본 적이 없는 분들을 아주 가끔 만나는 경우가 있는데, 대부분 사주가 평균 이상으로 좋은 분들이었다. 목마른 자가 우물을 파듯이 생의 힘듦이 많은 사람들이 일찍부터 역학 상담과 공부에 관심을 갖고, 상대적으로 삶이 평탄한 사람들은 관심이 덜한 것이 당연한 일인지도 모르겠다.
　주변에서 쉽게 볼 수 있는, 명리를 미신쯤으로 치부하며 자기 삶은 스스로 개척해야 한다거나 사람이 노력으로 해내지 못할 일은 없다는 식의 말을 입에 달고 사는 중년 남성들도 알고 보면 사주가 굉장히 좋은 경우가 많다. 타고나길 그렇게 태어나서 운이 좋은 것인데, 알지도 못하고 오만한 소리를 하는 것이다. 반대로 인생이 잘 안 풀린다는 느낌이 드는 사람들은 자신에게 생긴 나쁜 일들이 모두 자신의 탓만은 아니라는 위로와 불가항력적인 원인을 찾고 싶은 마음에 역학에 의지하는 경우가 많은 것 같다.

자원이 부족한 사람일수록 신체적으로 위험 부담이 큰 직업군에 종사하고 균형 잡힌 식생활을 하지 못해서 각종 질병 및 사건·사고에 쉽게 노출되는 것처럼, 운명학 역시 같은 이치에서 벗어나지 못한다. 슬프고 안타까운 일이다. 잘사는 사람보다는 못사는 사람에게 상담도 치료도 더 필요한데, 없는 형편에 마음을 치유하거나 미래에 다가올 흉사를 대비하기 위해 시간과 비용을 지불해야 한다. 또 금전적 여유가 없는 사람은 실력이 훌륭한 상담가보다는 그보다 못한 곳을 찾게 되고, 그렇게 악순환이 반복될 수밖에 없다.

나는 예쁘게 포장된 거짓 희망을 안겨주는 일에는 영 소질이 없다. 모든 것을 다 가진 완벽한 사람은 없지만, 삶은 원래부터 공평하지 않은 것이 진실이다. 본래 명리에서는 사람의 고저(高低)와 부귀(富貴)를 나누었다. 신분제도가 없어진 현대에 와서는 그것을 칼같이 적용하기에 무리가 따르지만 그렇다고 해서 완전히 무시할 수도 없다. 자산과 학벌, 직업 등에 의한 새로운 신분제가 우리를 지배하고 있지 않은가. 고서에서 말하는 격이 좋은 사주는 현대사회에서도 부귀와 명예가 따르는 좋은 직업을 갖고 살아가고 있으며, 옛날에 천격(賤格)이나 파격(破格)으로 불렸던 사주는 지금도 기피되는 직종에 종사하거나 삶에서의 성취가 적은 경우를 많이 본다. 하지만 태생에 의한 신분제가 사라지면서 비교적 균등한 기회가 주어지고, 약자들의 인권이 높아지고 있기 때문에 예전보다는 살 만한 것이다.

그래서 나는 점잖은 척하며 사주에는 좋고 나쁨이 없다는 말을 입에

담는 동시에 귀격(貴格)이니 천격(賤格)이니 하며 격을 논하는 이중성을 보이는 역술인들을 비판하는 입장이다. 또한 힐링(healing)을 목적으로 가식적인 소리를 하고 싶지도 않다. 자승자박의 논리를 펼치지 않으려면 무엇이 되었든 노선은 하나만 선택해야 한다. 만약 좋고 나쁨이 없다면 그저 다름만이 존재할 뿐이다. 그러나 인간의 삶이 어디 그러할까? 아마 운명학에 길흉이 없다면 아무도 사주를 보려고 하지 않을 것이다.

스님 괴담

잊을 만하면 한 번씩 내담자들에게서 "지나가던 스님이~"로 시작하는 이야기를 듣는 것이 나의 일상이다. 대체 한국의 스님들 중에 취미로 명리학을 공부하는 이들이 얼마나 되는지는 모르겠지만, 분명한 것 한 가지는 그들 중 오지랖 넓은 이가 상당히 많아 보인다는 것이다. 지나가는 사람을 붙들고 사주나 이름을 봐주겠노라 하고 무서운 이야기를 하는 것도 그렇고(직업상 늘 남의 사주를 봐야 하는 프로들은 귀찮아서 잘 안하는 일), 시주 받으러 왔다가 멀쩡하게 잘 살고 있는 남의 아이들 이름을 이상하게 바꿔버린다든지 하는 이 '명리 돌팔이' 스님들에게서 피해를 받은 사람이 한둘이 아니다.

멀리 갈 것도 없이 내 어머니의 경우는 어린 시절에 마주친 스님들마다 재벌 사주라며 극찬을 아끼지 않았다 하는데, 내가 명리 공부를 하고 나서 그 말을 떠올리며 얼마나 박장대소를 했는지 모른다. 내 어머니는 전형적인 식상생재와 재다신약 구조의 명식이다. 일평생 가난과는 거리가 먼 삶을 살아오긴 하셨지만, 재벌의 명식에는 전혀 가깝지 않다. 일간이 재물을 지킬 힘이 없는 신약한 사주답게 재테크에는 소질이 없으며 돈이 있으면 여기저기 남 좋은 일에 써버리곤 하기 때문에 큰 부자가 될 수도 없다. 단순히 어머니의 사주에 금 재성이 번쩍번쩍 많은 것만 보고 부자의 명식이라고 판단하는 것은 명리 공부를 몇 개월도 채 하지 않은 사람이 내릴 법한 판단이다.

내가 들어본 중 가장 슬픈 사연은 이렇다. 원래부터 사주가 썩 좋다고 볼 수 없는 사람 곁을 지나가던 스님이 이름을 바꿔야 잘된다고 설득해서 스님이 준 이름으로 개명을 했는데, 나중에 확인해보니 원래 이름이 작명가가 지은 것으로 좋은 이름이었고, 스님이 준 이름은 엉망인 이름이었던 눈물겨운 스토리. 어떻게 보면 원래 사주가 좋지 못했으니 그런 일을 당한 것도 그 사람의 팔자려니 싶지만 이게 운명의 장난이라면 좀 너무하지 않은가 싶다.

이런 이야기들을 통해 내가 말하고자 하는 것은 검증되지 않은 이야기에 휘둘리지 말라는 것이다. 일면식도 없는 사람의 말을 믿고 자신이나 자녀의 이름처럼 중요한 것을 선뜻 바꾸는 그 순진함도 위험하지만, 설령 아는 사람이라 할지라도 전문가가 아닌 이상 엄격하게 검증되지 않은 정보들에 대해서는 의심을 해볼 필요가 있다.

그리고 무엇보다 가장 중요한 것. 고수들은 절대로 여러분을 먼저 찾아가지 않는다.

5장

작명 이야기

이름이 바르면 모든 일이 순조롭다[正名順行].
- 공자

릴리스의 작명법

현재 국내 작명가들이 사용 중인 작명법에는 여러 가지가 있다.

자원오행 성명학, 수리 성명학, 음양 성명학, 성격 성명학, 육효 성명학, 주역 성명학, 소리 성명학, 삼원오행 성명학, 발음오행 성명학, 오행 성명학, 측자파자 성명학, 파동 성명학 등 무려 열 가지도 넘는다. 의뢰인의 입장에서는 성명학의 학파가 이렇게 많은지도 모를뿐더러 자신이 방문한 작명소의 작명가가 무슨 성명학을 사용하는지조차 모르고 의뢰하기 십상이지만, 사실은 그것이야말로 작명소를 선택할 때 가장 중요한 부분이다.

어떤 작명가에게서 이름을 받고, 다른 작명소에 갔더니 잘못 지은 이름이라는 평가를 듣는 이유도 바로 작명가마다 취용하는 작명법이 다르기 때문이다. 대부분의 작명가들은 자신이 배웠거나 선택한 한 가지 작명법만을 사용한다. 이렇게 수많은 작명법이 존재하는 탓에 나는 성명학 공부를 시작하면서 꽤나 많은 스트레스를 받았다. 완벽주의자답게 내가 지은 이름이 다른 작명가에게서 나쁜 평가를 받는다면 견딜 수 없기 때문이다. 그래서 대세인 자원오행 성명학과 용신 성명학을 바탕으로 발음오행과 음양성명학까지 고려해서 이름을 지어왔고, 덕분에 지난 몇 년간 남들보다 시간과 에너지가 몇 배로 소요되는 고생길을 걸어왔다.

방송에 출연해서 유명세를 탄 서울의 모 유명 작명소에 가면 개명을 원하는 사람들이 줄을 서서 기다리고, 내담자가 접수를 하고 나면 작명가 본인이 아닌 제자가 나와서 컴퓨터로 30분 만에 이름 세 개를 뽑아준다고 들었다. 분명 미리 만들어둔 데이터에서 적당히 뽑아서 주는 것이리라 짐작된다. 작명 작업 하나에 평균 3일 정도를 소요하는 나로서는 상상도 할 수 없는 일이다. 그래서 비용은 저렴하지만 비주류 작명법을 사용해 즉시 이름을 제공하는 작명 앱 시스템도 탐탁지 않게 여기는 편이다.

나는 성인 개명을 할 때에는 반드시 당사자와 인터뷰를 거친다. 어떤 외모와 분위기를 가진 사람인지, 어떤 목소리를 가졌는지, 무슨 일을 하며 살고 있는지를 확인해서 그 사람에게 어울리는 이름을 지어준다. 본인의 희망 사항과 선호하는 발음 및 기피하는 발음까지도 모두 알아내어 참고하는 것은 물론이다. 만약 얼굴을 맞대고 진행하는 인터뷰가 어려운 상황이라면 전화 통화를 해서 목소리를 확인하고, 사진도 두어 장 전송받고 난 후에야 작업을 시작한다. 신생아가 아니라 이미 성장해서 취향이 있는 성인인데, 단지 사주만 가지고 일면식도 없는 사람의 이름을 지어준다는 것은 말이 안 된다고 생각한다. 지어준 이름 중에 마음에 드는 이름이 단 하나도 없다면 의뢰인도 나도 모두 헛수고를 한 셈이 되는데, 그런 종류의 낭비는 되도록 막고 싶은 마음이 크다.

　무엇이든 확실하지 않은 것을 싫어하는 나는 통일되지 못한 작명법 시스템이 내내 마음에 걸려 이런저런 자료들을 수집하며 무엇이 가장 좋은가를 줄곧 연구해왔다. 그 가운데 나를 가장 괴롭게 했던 한국 성명학계의 한심한 행태를 내부 고발자적 입장에서 알리자면, 현재 작명가들이 사용 중인 한글의 발음오행으로 알려진 내용은 일부가 잘못되어 있다.

　지금 대세로 자리 잡은 한글의 발음오행 체계는 1750년(영조 26년) 신경준이 제작한 『훈민정음 운해본』을 기반으로 하고 있다. 그때부터 200년이 넘는 세월 동안 모두가 운해본의 발음 체계를 따라 작명을 해왔는데, 1940년 경북 안동에서 세종대왕이 만든 오리지널 『훈민정음 해례본』이 발견되면서 틀린 부분이 밝혀졌다. 천재 학자인 세종대왕의 가장 위대한 업적인 훈민정음은 1446년(세종 28년)에 처음 반포되었다. 『훈민정음 해례본』은 '예의(例義)'와 '해례(解例)' 파트로 나뉘는데, 이 중 예의는 집현전 학자들이 한글을 만든 원리와 용법을 상세히 적어둔 내용으로 한자로 쓰인 한글의 사용 설명서에 해당한다. 원본과 사용 설명서가 함께 발견되었으니 그 정당성에 대해서 누구도 이의를 제기할 수 없음은 물론이었다.

　그러나 충격적이게도 해례본은 운해본과 다른 점이 있었다. 수와 토 오행의 발음이 반대로 바뀌어 있었던 것이다. 잘못된 것이 밝혀졌다면 뒤늦게라도 바로잡아야 하는데, 성명학계의 반응은 그렇지 않았다. 지난 260여 년간 사용해온 내력이 있고 이제 와 갑자기 바꾸면 문제의 소지가 있으니 관행상 유지하자는 비양심적인 입장이 주를 이루었던 것이다. 나 역시 성명학을 배울 때는 그렇게 배웠기 때문에 처음에는 모르고 있었으나 나중에 자세히 알고 나서는 너무나 불편한 마음이 들었다.

오행	해례본	운해본
木	ㄱ,ㅋ	ㄱ,ㅋ
火	ㄴ,ㄹ,ㄷ,ㅌ	ㄴ,ㄷ,ㄹ,ㅌ
土	ㅁ,ㅂ,ㅍ	ㅇ,ㅎ
金	ㅅ,ㅈ,ㅊ	ㅅ,ㅈ,ㅊ
水	ㅇ,ㅎ	ㅁ,ㅂ,ㅍ

한글은 소리글자이기 때문에 나는 이 부분을 무시할 수가 없다고 여겼고, 내가 운해본을 기반으로 이름을 지어준 고객들에게 죄송스러운 마음이 드는 단계에 이르러서야 일말의 해답을 찾게 되었다. 어떻게 보면 나의 죄책감을 덜기 위한 몸부림이었을지도 모르겠으나 '한글의 자음 발음이 이름과 인생에 얼마나 영향을 미치는가'를 연구하다보니 놀랍게도 자음보다는 모음이 성격에 많은 영향을 미친다는 답을 얻게 되었다. 대부분의 작명가들이 모음보다는 자음에 치중하는 것과는 달리 한글 자음의 경우 사람의 성격과 인생에 미치는 영향력이 거의 없거나 매우 낮은 것으로 판단되었다. 자음은 마찰음이고, 모음은 공명음이기에 각 고유한 주파수 영역의 성분음을 포함하고 있기 때문이다. 아아, 얼마나 다행인가. 물론, 그렇더라도 작명 시에는 원조인 해례본의 발음을 따르는 것이 원칙에 맞을 것이다(김형일, 〈성명학 이론의 타당성에 관한 실증적 연구〉, 공주대학교 대학원 동양학과 동양학전공 박사 학위논문, 2014; 김근후, 『이름 분석의 기술』 북랩, 2016 등 참고).

나는 증명을 위한 이 과정 속에서 무엇이 가장 좋은 작명법인지에 대한 답도 덤으로 얻게 되었다. 자원오행법과 용신오행법 등을 기본으로 하되 한글 모음의 발음으로 성격을 보완하도록 하는 음성수리법을 사용하기로 결정한 것이다.

또한 현재 많은 작명 앱에서 사용 중인 '한글 획수 작명법'이나 '한자 획수 작명법', '획수 음양 작명법' 등은 원래부터 비주류적이라 크게 신뢰하지 않았고, 여러 가지 논문들을 참고한 결과 영향력이 없는 것으로 판단되어 앞으로도 사용하지 않기로 결정했다. 스마트폰을 통해 저렴한 가격으로 손쉽게 이용할 수 있는 작명 앱들이 만들어지는 것을 보며 이제 4차 산업혁명의 시대를 맞이하여 작명가라는 직업도 사라지게 되는 것인가 생각했던 나의 걱정은 기우였다. 언젠가 내담자의 제보를 듣고 요즘 아기 엄마들 사이에서 유명하다는 작명 앱 몇 가지를 직접 결제한 후 사용해보니 내 기준에서는 턱도 없는 이름들이 쏟아져 나왔다.

아직은 작명가나 운명학 상담가의 자리가 컴퓨터에게 위협을 받을 수준은 아닌가보다. 다행이다. 나는 언제까지나 아무런 의심 없이 대세를 따르기보다는 항상 의문을 제기하고 연구하는 작명가로 남고 싶다.

성별에 따라 한자가 달라지는 성명학의 성차별

"남아에게는 직업적으로 성공하고 사회적으로 출세하는 이름을 지어주고, 여아에게는 좋은 남편을 만나고 자식 복이 있는 이름을 지어준다." 2019년에도 이런 홍보 문구를 내세우는 작명가들이 있다. 성명학계는 거의 완벽한 남초에 연령대도 높다보니 머리가 희끗희끗한 아저씨, 할아버지 작명가들이 대부분이기 때문이다. 여성 작명가는 드문 데다 실제로 나보다 젊은 작명가는 한 번도 만나보지 못했다.

작명법에는 여러 가지가 있지만, 발음의 소리만을 중요하게 따지는 파동성명학 같은 특이한 작명법를 제외하고는 대부분 한자의 자원(字原)과 81수리를 공통적으로 적용한다. 자원이라는 것은 그 글자(한자)가 목, 화, 토, 금, 수 중 어느 오행에서 나왔는지를 살피는 것이다. 가령 林(수풀 림)이라면 당연히 나무에서 나왔고, 輝(빛날 휘)라면 불의 글자이다. 사주의 주인에게 필요한 자원에 해당하는 한자를 써서 이름을 짓는 것이 작명의 기본이다. 81수리는 원형이정(元亨利貞)이라는 고유의 계산 방식을 적용한 이름 풀이라고 볼 수 있는데, 일본인이 만든 것으로 근거가 없다 주장하는 일부 작명가들도 있으나 경험상 원형이정이 나쁜 경우 원형이정의 해석에 따른 단점을 고스란히 안고 있는 것을 많이 보았기 때문에 함부로 무시할 수는 없다. 또 그 외에 비중이 작더라도 만족시켜야 하는 여러 가지 규칙들이 존재한다.

　기존의 작명가들이 성별과 나이에 차이를 두고 이름을 짓는 방식은 다음과 같다. 가령 大(큰 대), 元(으뜸 원)과 같은 글자는 형이나 남성에게만 쓸 수 있고, 동생이나 여성에게는 써서는 안 된다는 것이다. 여기에 논리적으로 타당한 근거는 전혀 없다. 다만 동생이 형보다 크게 되어서는 안 되고, 여성이 남성보다 잘나서는 안 된다는 고리타분한 인식을 기반으로 할 뿐이다.

　원형이정에서는 발전격에 해당하는 18수리가 빠른 두뇌 회전과 판단력을 갖추게 하므로 남성에게는 좋으나 여성이 사용하기엔 너무 강하다 하였고, 수령격인 21수리 역시 남성에게는 크게 성공한다고 해석했으나 여성이 사용하면 자기 주관이 뚜렷하고 애교가 없는 성격으로 인해 부부 인연이 약하고 이성 문제로 고통받는다고 했다. 지겨워 죽겠다. 대체 여자가 주관이 뚜렷하고 애교가 없으면 하늘이 무너지기라도 하는 걸까? 남성에 대해서는 좋은 남편과 좋은 아버지가 되는 수리에 대한 언급이 전혀 없으나 여성에 대해서만은 현모양처가 될 수 있는지에 대한 사족이 꼭 따라붙는다. 15수리나 35수리를 여성에게 좋은 수리로 추천하는 이유도 남편과 일가친척에게 내조를 잘하는 수리라고 보았기 때문이다. 그리고 남아에게 주로 쓰는 한자는 멋지고 크고 빛나는 의미를 가진 한자들이며, 여아에게 주로 쓰는 한자들의 의미는 착하고 예쁘고 순하고 여린 것들이다. 행여라도 여아가 훗날 자신의 남자 형제나 존재 여부도 불확실한 미래의 남편보다 잘나게 될까 두렵기 때문이다.

성명학계의 관행과도 같은 이 모든 것들은 동양의 뿌리 깊은 남녀유별과 장유유서 문화의 잔여물이 가져온 폐단, 그 이상도 이하도 아니다. 그러니 더 이상 이런 시대착오적인 흐름을 이어가서는 안 될 것이다.

여성이 남성 배우자보다 좋은 스펙을 가지거나 사회적으로 성공하면 남편과의 불화가 예상된다고 성명학 책에 버젓이 써 있는 것 또한 이 땅의 남성들이 구제불능의 열등감 덩어리임을 인정하는 꼴밖에 되지 않는다. 대체 왜 남성의 자신감을 스스로의 유능함이 아닌 여성 위에 군림하는 것에서 찾으려 하나? 그렇게 여성들에게 강요된 희생과 떠받듦으로 만들어진 기반 위에 세워진 알량한 자신감이란 또 얼마나 나약한 것인가?

언젠가 지인에게 이런 이야기를 들었다. 한국보다 여성 인권이 더 낮은 일본에서는 심지어 인감도장을 만들 때조차 크기와 소재에 제한이 따른다고 한다. 여성이 고급스러운 소재나 남성과 같은 크기로 인감도장을 제작하려 하면 도장 만드는 장인이 '여자에게는 무리니, 작은 것으로 하라'며 반대를 한다고 한다. 기가 막히고 코가 막힐 노릇이다. 이쯤 되면 여성으로 태어나는 일은 이미 탄생 전부터 온 우주가 그 아이의 앞길을 막기 위해 장기 플랜을 세워둔 셈이라고 해도 과언이 아니다.

개명과 개운법의 효과

평소 자주 받는 질문이다. 사주 상담을 한 뒤 자신의 약점을 보완할 어마무시한 개운법은 없는지, 개명의 효과는 얼마나 있는지 모두가 궁금해한다. 이에 대해 200% 솔직한 답변을 하자면, 개명이나 여타 개운법은 당신의 타고난 사주를 바꿔줄 만큼 강력하지는 않다. 부적이나 굿도 마찬가지이다. 그러니 과한 기대는 금물이다. 당신은 이미 태어나버렸고, 누구도 태어난 해와 달과 날짜와 시간을 바꿀 수는 없다. 다만 개운법을 실천하지 않으며 사는 사람보다는 실천하며 살아가는 사람이 더 나은 삶을 살게 되는 것은 당연한 이치이다.

그중에서도 이름의 중요도가 다른 것들보다 높은 이유는 태어나서부터 죽을 때까지(때로 누군가는 사후에까지도) 하루도 빠짐없이 불리기 때문이다. 이것은 개인의 삶에 가장 장기간에 걸쳐 영향을 미치게 되어 있다.

여기, 비가 내리고 있다고 가정해보자. 먼 길 빗속을 걸어가야 하는 당신에게 우산을 건네주는 정도의 도움이 작명가나 사주 상담가가 해줄 수 있는 일이다. 나는 튼튼한 우산을 제작해줄 수는 있으나 비를 그치게 하고 날씨를 맑게 만들어줄 수는 없다. 그것은 신의 영역이다.

예쁜 이름 지어주는 작명가

"지인 추천으로 연락처를 받았는데, 예쁜 이름 지어주신다고 해서요."

내가 생각해도 내가 지은 이름들 중에 못난 건 없다. 대부분이 예쁜 것도 사실이다. 작명가라는 직업 자체가 엄청난 남초 필드에 젊은 사람, 더구나 여성은 찾아보기 힘들며, 아무래도 할아버지 작명가일수록 현대적인 감각에 맞는 이름을 지을 확률은 매우 떨어지기 때문에 아직은 젊은 여성인 내가 센스 면에서 앞지를 수밖에 없다. 그런데 이 '예쁜 이름 지어주는 작명가'라는 타이틀이 가끔은 내게 족쇄처럼 작용할 때가 있다.

언젠가 내가 운영하는 SNS에 그간 작명했던 이름들을 올린 적이 있었다. 사람들에게 내 작명 스타일을 보여주려고 올렸는데, 당연히 내가 지어온 수많은 이름들 중에 가장 아름다운 이름들이었고 그중 몇 개는 작가나 모델의 예명 및 필명이었다. 그러자 그 이름들을 보고선 안목과 기대치가 높아진 분들이 생겨난 것이다.

작명이란 단순히 '예쁜 이름'을 짓는 것이 목적이 아니다. 무엇보다 이름의 주인이 될 사람의 사주를 보완하는 것이 첫 번째요, 한자의 뜻과 해석, 쉽고 아름다운 발음 등은 그다음 순위에 해당한다. 그러니 모든 이가 발음이 예쁜 이름을 가질 수는 없다. 누군가에게는 쓸 수 있는 한자와 발음이지만 나에게는 안 될 수도 있다는 것을 모르는 사람들이 많다.

또 과한 기대감을 품고 내게 작명 의뢰를 하면서 막연히 '예쁜 이름'이나 '중성적이지만 사랑스러운 이름' 등을 지어달라고 부탁하는 경우도 상당히 많은데(뭐랄까, 디자이너들의 심리를 나도 아주 잘 이해하고 있다. '화려하지만 심플하게 해주세요'에 고통받는?) 미적 기준은 사람마다 다르기 때문에 모든 이를 만족시키기란 당연히 불가능하다. 그래서 이름을 받고 나서 왜 다른 의뢰인들에게 준 것처럼 예쁜 이름을 지어주지 않았느냐고 항의하는 분들을 드물게 겪을 때마다 그걸 완벽하게 이해시키기가 번거롭고도 어렵다. 나도 당연히 예쁜 이름을 주고 싶지만, 안타깝게도 본인의 타고난 사주로 인해 주어진 조건이 그런 것을 날더러 어쩌란 말인가.

그래서 나는 '예쁜 이름 잘 지어주는 작명가'보다는 '실력 있는 작명가'나 '좋은 이름 지어주는 작명가'로 불렸으면 한다. 그래도 최대한 예쁜 이름을 지어줄 테니까 말이다.

성씨는 원래 어머니의 것

　성(姓)의 한자를 풀어보면 여자 여(女)와 나을 생(生) 자의 결합이다. 즉, 여성으로부터 태어났다는 뜻이다. 인류의 역사는 초창기에는 모계 혈연을 중심으로 씨족 공동체를 이루며 살다가 청동기 이후에 부계로 바뀌었기 때문에 당연한 이치이다. 세계에서 가장 먼저 성씨를 사용한 것은 중국인들인데, 주로 자신들이 거주했던 지명이나 산, 강의 이름 등을 성씨로 삼아 쓰기 시작했다. 일례로 한국에도 있는 강(姜)씨의 시초는 고대 중국의 제왕인 신농씨(神農氏)인데, 신농씨의 어머니가 강수(姜水)라는 지방의 사람이었으므로 같은 한자를 써 강(姜)씨가 되었다. 그 외에도 황제(黃帝)의 어머니가 희수(姬水)에 살았기 때문에 성을 희(姬)씨라고 하고, 순(舜)의 어머니가 요허(姚虛)에 살았으므로 요(姚)씨라 불린 일화들은 성씨가 모계에서 시작된 것임을 입증해준다.
　생물학적으로도 모체가 자녀에게 물려주는 유전자가 더 많다. 난자는 정자보다 5배 이상 크고, 결정적으로 이전 세대를 추적해 조상을 밝힐 수 있는 중요한 단서인 미토콘드리아를 어머니로부터 물려받는다. 우리의 기원은 어머니에게서 외할머니, 외할머니에게서 외증조할머니로, 또 외증조할머니에게서 외고조할머니로 이어져 올라가는 것이다. 생물학적 아버지는 불확실한 상황이 있을 수 있으나 어머니는 어떠한 경우에도 그럴 수 없다.
　그러니 혈통의 중요성을 따지자면 어머니의 성을 따르는 것이 과학적으로나 역사적으로나 매우 타당한 이야기가 될 것이다.

6장

알고 가는 사주 상담

오늘은 당신이 남은 인생을 바꿀 수 있는 가장 빠른 날이다.
- 릴리스

사주 상담을 대하는 이상적인 자세

명리학은 과거에 나와 똑같은 사주와 대운을 갖고 살았던 사람들의 삶의 공통점을 뽑아 데이터화한 내용으로, 사주의 주인이 어떤 사람인가에 대한 분석과 삶을 살아가는 동안 발생할 가능성이 큰 사건 및 시기를 통계적으로 예상해 알려주는 것이다. 그러므로 커다란 틀은 예견되어 있으나 그 안에서 매 순간마다 개인이 자유의지로 내리는 선택에 따른 결과는 사람마다 다르다는 것을 잊지 말아야 한다.

상담을 하다보면 그릇된 마음가짐과 역학에 대한 지나친 기대감을 안고 찾아오는 이들이 많다. 그런 사람들은 자신이 직면한 어떤 문제에 대해 이미 정해진 (운명의) 답을 알려달라 하거나 단답형으로 자신이 취직할 회사 또는 결혼할 상대에 대해 후회 없을 결정을 내려달라고 요구하곤 한다. 책임지지 못할 말은 단 한마디도 하기 싫어하는 나의 성격과 맞물려 가슴이 답답해지고 어깨가 무거워지는 순간이다. 자신의 불안한 선택에 대한 책임을 상담가에게 전가하려는 것은 매우 잘못된 태도이며 그 어떤 사주 상담가도 타인의 인생에 대해 이래라 저래라 딱 잘라 말할 수 없다. 선택은 오롯이 책임을 져야 할 당사자의 몫이 되어야 하기 때문이다.

삶에 대한 주인의식을 상실한 사람은 '영성 사기꾼'들에게 좋은 먹잇감이 된다. 내담자가 심리적으로 취약한 상태임을 이용해 실효성도 모호한 값비싼 부적이나 굿을 권하거나 자신의 사리사욕을 채우는 도구로 이용하는 일은 주변에서 심심치 않게 볼 수 있다. 그럴 바에야 같은 비용으로 심리 치료 센터에 가서 숙련된 상담가에게 심리 상담을 받는 편이 더 낫다. 사주 상담가는 내담자가 고민하는 몇 가지의 길 중에 더 나은 길을 알려주는 길잡이 정도의 역할이면 충분하다. 그 이상을 기대해서도, 개입해서도 안 된다.

명리는 신점과 다르다. 흔히 명리가 점술인 줄 오해하는 현상에는 방송 매체와 무속인들이 큰 기여를 했는데, 신내림을 받아 신을 모시는 무당에게 가서 보는 것은 사주가 아닌 '신점'이다. 그곳에서도 말로는 '사주를 본다'고 하지만, 실제로는 신이 무당에게 들려주고 보여주는 이미지를 말로 전달해주는 형식이기 때문에 통계 학문인 명리와는 완전히 다른 무언가이다. 무당은 신의 힘을 빌어 인간이 볼 수 없는 것을 보는 존재이기 때문에, 신이 함께하는 동안은 명리 공부를 하지 않아도 운명을 볼 수가 있다. 신점은 말 그대로 '점'이고, 명리학은 '통계 학문'이라고 이해하면 된다. 참고로 타로는 카드점이기에 '점술'에 속한다.

간혹 명리에 대한 이해도가 많이 부족한 분들이 자신이 운명의 배우자를 만날 수 있는 구체적인 장소며 상대의 외모와 성격까지 알려달라는 깜찍한 질문을 내게 할 때가 있는데(웃음) 명리는 자신의 운명의 큰 틀을 파악하는 것이기에 이는 사주 상담에 적합하지 않은 질문이다. 대상이 있는 상태라면 자신과 상대의 사주를 같이 볼 수 있지만, 아무도 없는 상태에서는 어떤 사람을 만나면 이상적이겠다라는 조건 정도만 알려줄 수 있다. 가까운 미래의 디테일한 상황이나 대상에 대한 질문은 점술로 보는 것이 더 정확한데, 운명의 가변성 탓에 신이 알려주는 신점조차 먼 미래에 대해서는 정확도가 떨어지게 마련이다.

사주는 몇 살부터 보는 것이 좋을까?

자녀를 둔 내담자들에게 평소에 정말 자주 받는 질문인데, 정답은 '태어나자마자'다. 막연히 '너무 어릴 때 보면 좋지 않다'는 근거 아닌 근거를 들어 부정적으로 바라보는 통념이 있고, 혹자는 적성이나 진로 면에서 아이의 가능성을 제한하는 것 아니냐는 이야기를 하며 반대하기도 하지만 내 생각은 다르다.

아이는 모부와는 다른 또 하나의 인격체이고, 누구나 그렇듯 자신만의 고유한 특성을 지닌다. 아이가 이 세상에 와서 처음으로 만나는 타인은 모부이며, 어린 시절의 경험과 환경이 성인이 된 이후의 정서에까지 막대한 영향을 미치게 되므로 모부와의 관계는 그 무엇보다 중요하다고 말할 수 있다. 심리학에서는 우리가 평생 동안 자신을 취급하는 방식과 대인 동기 및 대인 신념이 어린 시절 모부가 우리를 대했던 형태와 똑같이 닮아 있다고 말한다. 아무나 함부로 모부가 되어서는 안 되는 이유도 이 때문이다.

그런데 모부도 아기가 태어났을 때 그 아이를 처음 만나기 때문에 잘 알지 못한다. 더욱이 요즘처럼 출생률이 가정당 한 명도 채 안 되는 시대에는 미숙하고 경험 없는 모부들이 대부분이라고 봐야 할 것이다. 자식을 키우면서 '애한테 이런 면이?' 하고 놀라거나 자랄수록 '내 자식이지만 알 수 없다'고 말하는 상황들이 나타나는 것 역시, 아무리 피가 섞인 자식이라 해도 타인이며, 가족이라 해도 그 아이에 대해 다 알 수 없음을 보여주는 증거다.

아기가 태어났을 때, 바로 사주를 보고 실력이 검증된 작명가에게서 이름을 지을 것을 추천하는 이유는 이런 맥락에서다. 맞춤 교육을 하라는 뜻이다. 신생아의 사주는 모부가 그 아이를 훈육하는 방식에서 어떤 부분이 가장 중요한지, 무엇을 하면 좋고 무엇을 하면 나쁜지, 유년기에 사고수나 특별히 조심해야 하는 시기는 없는지 등을 알기 위해 보는 것이지, 눈도 안 뜬 아이의 진로 상담을 위해 보는 것이 아니다. 물론, 어떤 사주 상담가에게 상담을 받느냐가 매우 중요할 것이다. 만약 갓난아이를 두고 사회적으로 선호되는 직업을 정확하게 집어서 말하는 역술인이 있다면 그야말로 모부가 듣기 좋을 법한 달콤한 말이나 해주는 사기꾼일 확률이 높다.

내가 사주 상담을 꼭 받아야 하는 세 가지 시기로 꼽는 것은 앞서 말한 출생 직후와 진로와 직장을 결정하는 때와 결혼을 앞둔 순간이다. 사람들이 걱정하는 것과는 정반대로 사주 상담은 너무 늦어서 받는 것보다야 차라리 젊어서 받는 쪽이 훨씬 낫다. 냉정히 말해 인간의 평균 수명을 80세라 치면, 상담가 입장에서도 20~30대 내담자에게 해줄 말이 많고 큰 도움을 줄 수 있겠다 싶지, 이미 한참 잘못된 길을 걸어온

50~60대 내담자에게 해줄 말이 무엇이 있겠는가. 물론 노령의 나이에도 사회적·경제적으로 왕성한 활동을 하는 사람들이 있고, 그들의 경우에는 한 해의 운도 매우 중요하기 때문에 상담을 통해서 얻어가는 것이 분명 있지만, 그건 지나온 시간을 바람직하게 써온 사람들에게 한정되는 이야기이다.

우리가 결정하는 크고 작은 모든 선택들이 모여서 인생 후반부의 우리의 모습을 완성한다. 행운일지라도 너무 어려서 들어오거나 너무 늦어서 들어온 것은 쓰지 못한다. 젊어서는 고생하다 나이 들어 편안해지는 경우도 있기는 하겠지만, 좋은 운이 들어오는 시기가 늦어지면 늦어질수록 사실상 무용하다.

그러니 아기가 태어나면 너무 걱정하지 말고 좋은 상담가를 찾아서 사주를 보시라. 오직 두려워해야 할 것은 사주 상담을 받는 것 자체가 아니라 실력 있는 상담가를 만나지 못하는 것이어야 한다.

사주보다 중요한 것은 교육이다

　인간에게는 환경의 영향력이 절대적이라 해도 과언이 아니다. 그중에서 가장 중요한 것은 역시 교육 환경이다. 명리학에서 여성의 사주팔자에 대해 유독 악담이 많은 것도 실은 그만큼 이 사회가 성차별적이며, 이 땅에서 여성으로 살아가는 삶이 힘들다는 반증이라 볼 수 있다. 전통 명리의 이론들은 '남자는 여자에게 맞춰주지 않는다'를 전제로 하고 있다. 그래서 무조건 남자가 여자를 극하는 구조의 커플은 괜찮고 반대의 구조는 나쁘다고만 말하는데, 이 또한 이제는 바뀌어야 하는 부분 중 하나이다.

　모든 사람은 자신 또는 상대가 소속된 사회의 보편적 수준과 문화에서 지대한 영향을 받기 때문에 똑같은 사주일지라도 상대적으로 성평등하고 젠더 감수성과 여성 인권이 높은 선진국에서 태어난 여성이 훨씬 나은 삶을 살게 되는 것은 너무나 당연한 이치이다. (그러므로 배우자 운이 나쁜 사람일수록 결혼을 꼭 해야겠다면 문화 선진국에서 배우자감을 찾을 것을 권장한다.) 그런 사회에서는 명리의 성차별적인 이론이 크게 힘을 쓰지 못한다. 가령 배우자와의 관계가 불미(不美)한 사주를 가진 이성애자 여성이 스웨덴에서 태어나고 자라서 그곳의 남성과 가정을 꾸리는 것과, 한국에서 출생하고 성장한 뒤 전형적인 한국 남자와 결혼해서 사는 것, 그리고 인도에서 태어나서 인도 남자와 결혼 생활을 하는 것에 각각 엄청난 차이가 있을 수밖에 없다. 상대를 고를 수 있는 풀(pool)이 한정될수록 그 풀의 수질이 매우 중요한데, 한국이란 나라는 실질적으로 (언어 및 문화적으로나 지리적으로나) 고립되어 있는 작은 섬이나 다름이 없기 때문에 우물 안 개구리가 되기 쉬우며, 모든 부분에서 끊임없이 적극적인 자정 작용을 하지 않으면 고인 물이 썩는 현상을 일으키게 된다.

한 사회의 전통이나 그 사회에 속한 개인들의 사주가 어떻든 간에 그 전반의 수준을 끌어올려줄 수 있는 유일한 것이 바로 교육이다. 자제력이 부족한 사주를 갖고 태어난 아이일지라도 엄격한 가정교육과 올바른 학교교육을 거쳐 성장했다면 훗날 자기 제어를 충분히 할 수 있는 성인이 되지만, 부모가 무관심으로 방임하거나 아이의 약점을 바로잡아주지 못한 채로 성장하게 되면 범죄자가 되기도 하는 것처럼, 인간이란 타고난 운명과 교육의 합작품이다. 같은 사주와 운을 갖고 태어난 사람이 한국에 수십 명은 될 텐데, 그중 한 사람이 범죄자라 해서 나머지 모두가 범죄자인 것은 아닌 이유도 그 때문이다. 교육은 모든 것의 근간이다.

사주 상담이 안 맞았나요?

　매일같이 상담을 하다보면 "전에 유명하다는 어디에서 상담을 받았는데, 하나도 안 맞아서 실망했어요"와 같은 불평 섞인 이야기를 하시는 분들을 심심치 않게 만나게 된다. 그때 역술인이 분명 합격한다고 했는데 떨어졌다, 몇 월에 이직할 거라고 했는데 되지 않았다, 같은 사주인데 왜 술사마다 다른 이야기를 하는 것이냐 등등.

　조금 실망스러울 수도 있는 이야기를 들려주자면, 역학도 사람이 하는 것이기 때문에 틀릴 때가 있다. 그리고 틀린 이유에도 여러 가지가 있을 수 있다.

　첫 번째, 역학은 통계학문이다. 오차나 예외가 반드시 존재한다. 언제나 귀신같이 정확하게 맞힌다? 그럼 사람이 아니고 신이다. 역술인이 누군가의 사주만 보고 시기까지 정확하게 짚어서 되고 안 되고를 모두 맞히는 것은 사실상 불가능에 가깝고, 추운(推運)이란 말 그대로 명식과 그 시기의 운의 길흉 여부를 통합해 간접적인 추론을 하는 것이다. (어편 사주는 이런 예측이 매우 수월한 경우도 있고, 아주 애매한 사주를 가진 사람도 있어서 이 또한 제각각이다.) 그래서 운명학의 또 다른 이름은 추명학이다. 추측은 말 그대로 불확실성을 내포하고 있다. 한때 추운 기법의 정확도를 확인하기 위해 직접 연륜이 상당한 상담가들을 찾아가보기도 했지만, 그분들이라고 특별히 다르지 않았다. 확률을 보고 예상하는 것이니 당연히 다르거나 틀릴 수 있다.

두 번째, 학파와 이론이 다양하다. 명리학의 역사가 4천 500년이 넘는다. 그 오랜 세월이 흐르는 동안 엄청나게 많은 사람들이 공부를 했고, 그 과정에서 세밀한 부분은 다른 학파들이 생겨났다. 통일이 어려운 이유도 인간의 삶을 연구하는 학문이다보니 검증 자체가 수월하지 않기 때문이다. 스승이 잘못된 지식을 전수하면 제자가 임상을 통해 그것을 검증하고 바로잡기까지 수십 년이 걸리기도 한다. 학파에 따라 추운 기법이 다르므로 운의 분석에 차이가 발생하게 마련이다.

세 번째, 상담가도 내담자 사이에도 합이 있다. 쉽게 말해, 자기랑 잘 맞는 사람을 찾아가야 한다는 말이다. 내담자의 입장에선 필요한 부분을 채워줄 수 있는 사람을 만나면 크게 도움을 받았다 느끼고, 그럼 상담가의 입장에서도 일의 보람을 느낀다. 만약 서로 간의 성향이 조금 안 맞더라도 예의와 도리를 지키면 크게 문제 될 것은 없으나 만약 둘 중 한 사람이 무례하거나 어떤 식으로든 상대를 힘들게 한다면 상호 간에 불쾌한 경험으로 남기도 하는 것이 상담이다.

나 또한 일 년에 두어 번 정도는 정말 나랑 안 맞는다고 느껴지는 내담자를 만날 때가 있는데, 그럴 땐 정신적 피로도가 가중되어 점점 말을 아끼게 되고, 합이 잘 맞는 내담자를 만나면 내 쪽에서도 긍정적인 에너지를 얻어 평소보다 통변이 더 잘되는 신기한 경험을 하기도 한다.

네 번째, 내담자의 운이나 역술인의 컨디션에 따른 영향도 존재한다. 이 부분은 내담자 입장에선 다소 억울하게 느낄 수도 있지만, 애석하게도 그것조차 본인의 운발이다. 때로는 고수들조차 기초적인 실수를 한다. 생년월일시를 잘못 받아 적어서 남의 사주로 풀이를 해준다든지, 하필 그날따라 너무 피곤하거나 머리가 맑지 않아서 잘 안 보이거나 말실수를 한다든지 하는 일이 있을 수 있다. 불행히도 거기에 당첨되었다면 당연히 운세 분석이 맞지 않을 것이다.

다섯 번째, 같은 내용이어도 다르게 말하는 이유는 통변에 역술인의 주관적인 생각이 어느 정도 섞일 수밖에 없기 때문이다. 보수적인 가치관을 가진 사주 상담가가 남자를 아예 만나지 않는 편이 나은 사주를 가진 여성에게 "넌 남자 복은 없지만 사람이 결혼은 해야지"라고 한다든지, 자녀를 갖는 게 어렵고 굳이 갖지 않아도 될 사람에게 "그래도 자식이 하나는 있어야지" 하는 식으로 말이다. 이런 분들이 나에게 왔더라면 다른 대답을 들었을 것이다. 상담 현장에서 내담자는 상대적 약자다. 조언을 구하러 온 내담자가 상담가의 말에 1%도 영향을 받지 않을 수는 없기 때문에 상담가의 가치관과 인격이 중요할 수밖에 없다. 그러니 사주 상담의 무게를 가볍게 생각하고 길 가다 시간 때우는 심심풀이처럼 아무한테나 가서 받는 분위기는 개선되었으면 한다.

여섯 번째, 드물게 해석이 어려운 사주들이 있다. 평범하지 않거나 애매한 부분이 있어 용신을 찾기가 어렵다거나 어떤 운에 무슨 일이 벌어질지 예측이 어려운 경우에 해당한다. 이런 사주를 가진 사람들이 주로 경험하는 패턴인데, 가는 곳마다 다른 이야기를 하고 제대로 맞았던 사주 상담가가 한 명도 없어서 역학 자체를 불신하게 되거나, 답답해서 본인이 직접 사주 공부를 하면서 역술인들을 절대로 믿지 않게 되기도 한다. 프로 상담가 입장에선 매일 새로운 사주를 보는데, 앉은 자리에서 1~2분 만에 바로 파악을 해야 한다. 그런데 어려운 사주를 가진 사람들을 만나면 그게 안 되는 상황에 직면한다. 물론 내담자 앞에서 티는 내지 않겠지만 상담가 본인이나 주변에 비슷한 명식이 있어서 눈에 익은 구조가 아니라면, 세밀한 부분에서 잘 안 맞을 확률이 매우 높다. 이 경우는 사주 상담가가 진짜로 몰라서 틀린 게 맞기 때문에, 내담자한테 솔직하게 말하고 연구 차원에서 오래 들여다보고 검증도 해야 한다. 물론, 실전에서 그렇게 겸손하고 양심적인 사주 상담가가 몇이나 될지는 모르지만 말이다.

첫 번째 이야기로 잠깐 돌아가서 부연 설명을 하자면, 가까운 미래에 뭔가 되는지 안 되는지 여부나 디테일한 상황은 명리보다 타로 리딩 같은 점술이 더 잘 맞는 편이다. 명리는 어디까지나 큰 틀이기 때문이다. 그래도 일반적으로 역술인의 예언이 맞을 확률은 기상청보다는 높다. 현대 과학이 이렇게 발전한 시점에서 과학 기술을 이용한 날씨 예측보다 높은 적중률을 자랑하는데, 사람들은 아홉 번 맞다가 한 번만 틀려도 엉터리라며 화를 내기 때문에 역술인 입장에서는 일희일비하는 이들이 가장 불편한 고객일 수밖에 없다.

인생의 주체는 자신이다. 자신에 대해 가장 잘 아는 사람도 자신이어야 한다. 역학에 대한 과한 기대치를 낮추고, 자신과 잘 맞을 상담자를 알아보고 찾아간다면, 불만족스러운 상담을 하게 될 확률을 크게 낮출 수 있다.

상담가도 사람이다

운명학 상담가라는 직업이 결코 쉽지 않은 이유 한 가지는 너무도 다양한 인간 군상을 접하기 때문이다. 이로 인해 감정노동을 주로 하는 서비스 직종 종사자와 비슷한 스트레스를 겪는다. 고객과 마주하는 시간이 길기 때문에 기실 더하면 더했지 덜하지는 않을 것이라 예상해본다. 심지어 고객이 스토킹 수준으로 매일 무언가를 조르는 연락을 하는 경우까지 있으니 말이다.

세상엔 별의별 사람이 다 있기 때문에 일하면서 성향이 아주 맞지 않는 내담자와 만나게 되는 일도 있고, 때로 무례하거나 비상식적인 내담자로 인해 남은 하루가 아주 불쾌해지는 경험도 하곤 한다. 또 평상시에는 아주 멀쩡한 사람인데 상담자에게만 아주 못살게 구는 내담자로 돌변하는 경우도 심심치 않게 목격한다.

대면 상담만 존재하던 시절에 철학관을 운영했던 분들은 경험하지 못했겠지만, 온라인으로 연락처를 주고받는 요즘은 한번 상담을 하고

난 이후로 밤낮없이 수시로 메시지를 보내는 사람들도 있다. 상담이 끝난 후 몇 시간 뒤나 며칠 뒤, 심지어는 반년 뒤에도 추가 질문 여러 가지를 적어서 답해달라며 보내는 경우는 아주 흔하고, 정서적으로 힘든 시기를 겪고 있는 사람이라면 상담 전후로 본인의 내면에 있는 이야기들을 왕창 쏟아낸 장문의 메시지를 보내서 내가 그걸 꼭 읽고 조언해주기를 바라기도 한다.

그들의 입장에서는 기댈 곳이라 느껴져 위로와 도움을 받고자 함이겠지만, 상담가의 입장에서는 그 모든 것들이 근무시간 외 무보수 추가 노동이며 그런 식으로 연락하는 사람이 한두 명이 아니기 때문에 그들 모두의 요구를 들어주다가는 개인적인 시간을 송두리째 빼앗겨 일상생활이 불가능해진다.

더구나 몇 달 뒤에 연락해서 당연한 듯 자신의 사주에 대한 이야기를 다시 해달라고 하는 것은 이기적이고 비상식적인 행동이다. 사람은 누구나 자신의 수고에 상응하는 보상이 따르지 않으면 소모당하는 느낌이 들고 일에서 보람을 느끼지 못한다. 그러니 첫 상담 때 못한 질문이나 더 하고 싶은 이야기가 있다면 정식으로 재상담을 신청하고 상담가의 노동력과 시간에 대한 비용을 정당하게 지불하는 것이 서로에게 이롭다.

인생의 가장 큰 스트레스는 모두 인간관계에서 발생한다. 오죽하면 사르트르는 '타인은 지옥이다'라는 명언을 남겼을까. 타인과 타인이 만나면 어떤 식으로든 문제가 발생할 소지가 있고, 상담이라 해서 예외가 아니다. 상담자와 내담자의 관계일지라도 예의와 인간관계의 기본은 분명히 지켜야 하는데, 자신의 욕구와 괴로움이 그 무엇보다 위에 있는

듯이 행동하며 상담자도 감정이 있는 사람이라는 것을 망각하는 내담자들이 종종 있다. 그래서 나 역시 주기적으로 여행이나 취미 생활을 통해 스트레스를 해소하지 못하면 감당할 수 없을 만큼 힘든 시기가 몇 개월마다 찾아오곤 한다.

내가 아는 어떤 선생님은 전날 내담자들 때문에 스트레스를 극심하게 받으면 다음 날 아침에 출근이 너무 하기 싫어서 웅크리고 운 적도 있다고 했다. 심지어 내 앞에서 "우리는 천민이다"와 같은 극단적인 말씀까지 하셨는데, 다행히 나는 자존감이 높은 사람이라 수긍하지 못했으나 얼마나 힘든 일이 많았으면 그러실까 싶어 마음이 아팠다.

이 직업에서 오는 고충은 업무상 만나는 관계에 그치지 않는다. 여가 활동 모임에 참석해도 직업을 밝히는 순간 다들 무언가를 물어보려 들기 때문에 일상적으로 언제나 사람들에게 시달리고, 누군가 나와 친해지려 할 때엔 공과 사를 섞으려 들거나 다분히 그 의도가 순수하지 않은 경우도 적잖이 겪는다.

친구의 가면을 쓰고 접근해 공으로 이용하려 들었다가 호락호락하지 않으니 끊고 사라지는 온라인 인연이며, 생면부지의 사람이 '도움을 받을 수 있을까 해서요'(=무료로 상담해줘)라고 요구하는 해프닝은 당연히 셀 수도 없다.

또 다가오는 이들 중 내 쪽에서도 마음에 드는 사람이 있어 도와주고 베푼다 한들 그 결과가 훗날 나에게 좋게만 돌아오는 것도 아니었다. 호의가 계속되면 고마워하기는커녕 권리인 줄 알고 바라는 것만 많아지며, 친하게 지내다 사이가 틀어지면 내 직업의 특수성을 이용해 거짓되고 악의적인 말을 퍼뜨리는 사람도 겪어본 뒤로는, 누가 내게 다가오면 일단 의심과 두려움이 가장 먼저 앞서게 되었다.

사주 상담가가 된 이후로 나를 그저 신기하고 이용 가치가 높은 대상으로만 대하는 자들 덕분에 인류애와 오지랖은 예전보다 많이 줄어들고 마음의 상처는 늘어났지만, 그래도 나는 자부심과 인간에 대한 근본적인 애정이 없다면 참다운 상담가가 될 수 없다는 마음으로 여전히 이 일을 하고 있다.

가끔씩 상담 일을 오랫동안 해온 선생님들 중에 사람한테 질려버려서 웃음기 하나 없이 냉랭한 분들을 보면 내담자에게 저렇게까지 불친절할 필요가 있나 싶다가도, 한편으론 이해가 되면서 안쓰러워지는 것도 부인할 수 없는 사실이지만 말이다.

상담가는 타인의 불안과 걱정을 듣는 직업이다. 사람들이 두려워하고 걱정하는 미래의 흐름에 대해 알려주고, 되도록 최선의 길로 안내해야 한다는 부담감이 늘 있다. 적어도 자신의 직업에 대한 사명감이 있는 자라면 말이다. 하루에도 여러 번 상담을 하며 다루는 주제들 또한 타인의 삶에서 아주 크고 중요한 일들인 경우가 많기 때문에 정신적인 피로도 또한 상당하다.

그렇기에 내담자가 사주 상담가에게 기대할 것은 실력이 뛰어난 의사와도 같은 태도이지 물건을 잘 파는 세일즈맨이나 시시콜콜한 이야기를 말할 친구 내지는 감정의 쓰레기통 역할이 아님을 분명히 알아야 한다. 만약 개인적인 친분을 쌓기를 원한다면 공사는 반드시 구분하는 편이 깔끔할 것이다.

상담 시간이 끝나갈 무렵에 "죄송한데 서비스로 ㅇㅇ도 해주실 수 있을까요?" 같은 말을 들을 때마다 나는 늘 같은 생각이 든다. 죄송한 일은 처음부터 요구하지 않는 것이 맞지 않을까? 나의 편의를 위해 상대에게 민폐를 끼쳐야 한다면 그때부터 서로 불편해지는 것일 테니 말이다.

세상의 모든 운명학

운명학에는 여러 가지 종류가 있다. 생년월일시로 보는 명리학, 얼굴의 생김새로 판단하는 관상, 손금의 모양을 읽는 수상…… 간혹 관상이나 수상을 볼 줄 안다는 이들과 우연히 만나게 될 때가 있는데, 명리학자로서의 나는 열에 아홉은 그들의 태도가 썩 마음에 들지 않았다. 왜냐하면 내가 사주를 보는 사람이란 걸 알게 되는 순간 그들 대부분이 "사주는 반만 맞고, 관상은 100% 맞는다", "손금이 최고다"와 같은 멘트를 날리며 명리를 깎아내리기 때문이다. 참 예의들이 없다. 나는 내가 업으로 삼은 것에 확신이 있기 때문에 굳이 반박하거나 맞서 싸우지 않고, 그냥 '아 그러셔?' 하는 미소를 띤 채 피식 한번 웃어주고 무언으로 응수하곤 한다. 겨우 그런 수준의 상대와 무의미하고 유치한 논쟁을 하기 귀찮기도 하고 말이다.

나는 모든 운명학을 존중한다. 아니, 운명학뿐 아니라 세상의 모든 학문에 대한 존경심이 있다. 그렇기에 내가 잘 알지 못하는 분야에 대해서 굳이 폄하하고 싶지 않다. 그게 학문을 하는 사람의 도리라고 생각하기 때문이다. 기실 무언가를 '디스'하려면 그 대상에 대해서 꽤 많이 알고 있어야 한다. 당신은 전혀 알지도 못하는 사람에 대해서 욕할 수 있는가? 아 물론, 세상에는 그런 소인배들도 있다. 소문만 듣고 확인되지 않은 이야기를 믿거나 아무런 직접적 검증을 거치지 않고 감히 타인에 대한 평가를 내리고, 그걸 또 남에게 옮기기까지 하는 하찮은 인격을 가진 자들이 있는 것을 모르지는 않는다.

허나 비판이나 비평을 제대로 하려면 대상에 대해 아는 게 많아야 할 수가 있듯이 어떤 학문을 비판하려면 그것에 대해 정통해야 당당하게 할 수 있는 자격이 생긴다. 잘 모르는 사람을 욕하려면 할 수 있는 욕이 얼마 안 되기 때문에 타당도가 떨어지는 욕밖에 하지 못한다. 그럼 욕할 일도 아닌 괜한 걸로 생트집을 잡거나, 그것도 힘들면 가짜로 이야기를 만들거나 부풀리게 되는 것이다. 명리학에 대한 비난도 별반 다르지 않다. 본인은 사주 공부를 한 적이 없다면서 어쩜 그리 용감하게 사주는 안 맞고 본인이 하는 건 다 맞다고 말할 수 있는지, 내 눈에는 그 무식함과 배짱만이 대단해 보일 뿐이다.

그런 이들 때문에 종종 내담자들이나 팔로워들에게서 이런 질문을 받는다.

"사주는 50%만 맞는다는데 사실인가요?"

"사주는 같은데 관상이 다른 건 어떤 영향을 미치나요?"

명리는 100% 맞는다. 다만 방대하고 어려운 학문이기 때문에 그만큼 잘하는 실력자가 매우 드문 것뿐이다. 또한 운명학에는 타고난 것과 자신의 선택에 따른 변수가 함께 존재하므로, 그 관점으로 접근한다면야 명리뿐 아니라 모든 운명학이 50:50의 확률이다. 사주가 같은 사람의 관상과 수상 등이 (당연히) 다른 것도 복합적으로 생각하면 어려울 게 없다. 뭐는 맞고, 뭐는 틀리다는 식의 싸움을 붙이는 이분법적 태도보다는 사고의 유연성과 개방성을 가질 필요가 있다. 가령 나는 똑같은 사주여도 '코가 들창코인 사람이 그렇지 않은 사람보다 상대적으로 돈을 더 많이 쓰겠다' 정도로 적용한다.

역학계는 힙합신이 아니다. 네거티브 전략을 펼치면서 타 분야를 폄하하기보다는 각자의 위치에서 자신이 속한 분야의 퀄리티를 높이는 데 최선을 다하는 모습을 보여줬으면 좋겠다.

질문을 준비해 오라

　상담에는 질문을 들고 와야 한다. 내가 상담하면서 가장 많은 에너지를 소모한다고 느끼는 내담자 유형은 '질문이 없는 사람'이다. 답답하기도 할뿐더러 이 사람이 왜 나를 찾아왔으며 무엇을 원하는지를 파악하는 과정이 필요하므로 본인이 궁금하고 원하는 것을 똑바로 말하는 사람에 비해 더 많은 정신노동이 따르기 때문이다. 게다가 그런 사람이 말수까지 적고, 무슨 이야기를 해도 묵묵무답에 반응조차 없는 타입이면 상담 시간 1분, 1분이 아주 길게 느껴져서 웬만하면 다시는 안 왔으면 하고 바라게 된다.

　말이 아주 많은 내담자와 말이 너무 없는 내담자를 비교하자면, 상담하는 입장에서는 조금 피곤할지언정 당연히 전자가 낫다. 명리학자에게 독심술 능력 같은 건 없다. 누군가를 보는 순간 무속인처럼 신이 무작위로 알려주는 정보나 이미지가 보이는 것도 아니다. 아무리 명리에 통달한 사람일지라도 오늘 처음 만난 타인의 모든 것을 알 수는 없는 것이 당연하다. 같은 타로카드를 뽑아도 질문자의 사연과 현재 상황에 따라 해석이 달라지듯이 같은 사주여도 내담자가 원하는 것과 현재 무슨 일을 하며 살고 있는지에 따라 각기 다른 조언을 할 수 있다. 그러니 질문자가 솔직하지 못하거나 말을 너무 아끼면 결과적으로 본인만 손해다.

그래서 나는 아무런 목적도 없이 "그냥 사주가 한번 보고 싶었어요"라든가 "무슨 말씀 해주시려나 들어보려고 왔어요" 하고 멀뚱하게 앉아 있는 사람을 별로 좋아하지 않는다. 인생의 수많은 이슈들 중에 아무 이야기나 무작위로 듣기를 원하는 것일까? 아니면 아무 걱정도 질문도 없는 삶을 살고 있는 것일까?

특히 연령대가 높은 내담자들 중에서 아주 오래된 방식의 통변과 신점에 길들여진 분들이 방문하는 때면 상대하기가 버겁다는 느낌이 든다. 그들은 오자마자 내가 책상이라도 치면서 "남편이 바람 피워서 왔구만!" 하고 외치며 자신의 걱정거리를 맞혀주길 원하는 것처럼 보인다. 그런데 이제 사주 상담도 세련되어질 때가 되지 않았을까?

명리학의 이론 중에 도사 놀이를 할 수 있는 '내정법'이라는 것이 있기는 하다. 손님이 방문한 날짜와 시간을 통해 어떤 주제로 상담을 하러 왔는지를 추측하는 기법이다. 따로 공부를 하면 익힐 수는 있으나 그 시간에 차라리 다른 공부를 하는 게 낫다고 여겨진다. 게다가 지나가다 무작위로 들르는 게 아니라 나의 스케줄에 맞춰 예약을 잡고 오는 손님들에게 내정법이 과연 의미가 있을지 잘 모르겠다.

명리를 모르는 사람일수록 사주 상담을 받고자 방문할 때 막연한 기대감이 큰 것 같다. 자신이 모르는 무언가 대단한 이야기를 내게서 듣고

자 하는데, 그것이 무엇인지를 본인들도 모른다. "선생님, 제가 어떤 사람인가요?", "저는 어떤 성격인가요?" 하고 묻는 내담자들을 보면 과연 이 사람들이 오늘 처음 만난 나보다도 자신에 대해 모를까 싶은 마음에 웃음이 나온다. 물론 인간은 스스로를 객관적으로 바라볼 수 없고, 명리학적으로 어떤 유형의 사람인지를 말해줄 수는 있지만 나는 단어 몇 개로 사람을 정의할 수는 없다고 생각한다. 99.9%의 사람들의 관심사는 뻔하다. 일과 재물과 사랑이다. 그걸 모르지 않는다. 자녀가 있는 사람이라면 하나가 더 추가될 테고. 그렇지만 막연한 질문에는 막연한 답밖에 줄 수가 없다.

　나의 주 내담자 층은 10대 후반에서 30대 후반 사이의 여성들인데, 그중에서도 20대 대학생들의 비율이 압도적으로 높은 편이다. 내가 그들을 접하면서 자신을 돌아보면 그 나이 즈음의 나는 훨씬 철이 없었고 명리에서 도움을 받을 생각조차 못했기 때문에 나의 길을 찾는 데 오랜 시간이 걸렸는데, 그에 비하면 요즘 20대 여성들은 얼마나 현명하고 똑똑한지 종종 탄복하곤 한다. 특히 학교 공부를 열심히 하는 내담자들일수록 질문 리스트를 철저하게 준비해 오는 경향이 있는데, A4용지나 스마트폰 메모장에 미리 궁금한 부분을 적어서 상담 시간에 하나씩 체크하며 질문하는 편이다. 내가 경험해본 가운데 최강은 프레젠테이션 형식으로 만들어 온 분이었는데, 그 누구보다 상담 시간을 통째로 알차게 쓰고 가셨다. 나를 방문하는 모든 이가 그 정도로 할 필요는 없지만 상담에 진지하게 임하는 태도만큼은 본받을 만하다고 생각한다.

　질문을 준비하는 것에 두려움을 가질 필요는 없다. 답이 불가능한 질문이라면 그렇다고 말해주면 그만이니 말이다. 아무 생각 없이 상담에

임했다가 돌아가는 길에, 또는 며칠 뒤에 연락해서 질문이 떠올랐다고 말하는 경우가 너무 많다. 질문은 미리미리 준비하자. 상담료를 지불하고 나의 시간을 샀으면, 그 안에 최대한 나를 이용해야 내담자가 이득을 보는 것이다.

실력 없는 역학 상담가를 피하는 법

　사주나 타로, 손금, 별자리 등의 상담을 받기로 마음을 정했을 때, 실력이 있는 사람보다는 허접한 사람을 만나게 될 확률이 아주 높은 이유는 간단하다. 왜냐하면 실력자는 극소수고, 역학은 국가시험이나 자격증이 없기 때문에 마음만 먹으면 누구나 몇 개월간의 짧은 공부만 하고도 상담을 하겠다며 나설 수가 있기 때문이다.
　내가 20대 초반이었을 무렵에 강남역과 압구정 등지에서, 할아버지 역술인이 운영하는 철학관이 아닌 '사주 카페'가 처음으로 유행을 했다. 그땐 사주가 뭔지도 모르고 친구들과 두어 번 놀러 갔던 경험이 있는데, 상담 비용도 무료이거나 매우 저렴했던 것으로 기억한다. 지금 와서 그때 내게 통변을 해주었던 사람들의 이야기를 하나하나 떠올려보면 당시 그 상담가들의 명리 공부 수준은 아마도 배운 지 반년에서 일 년 정도 아니었을까 싶다. 돈을 받고 상담을 하면 안 되는 정도의 수준이었는데, 아마도 배우는 중에 생계를 위해 취업했거나 기초 공부가 끝나자마자 바로 직업 전선에 뛰어든 것이 틀림없다. (현재 사주 카페에서 일하는 모든 통변가들의 실력을 비하하는 것이 아니라는 점을 밝히고 넘어간다.)
　당시 그런 사주 카페들이 성행했던 것도, 타깃으로 삼은 고객의 연령층이 낮고 내담자가 명리에 대한 지식이 없을수록 상담가의 실력을 알아보기란 불가능에 가깝기 때문이었을 것이다.

요즘은 인터넷의 발달로 인해 내담자들의 수준이 높아진 부분도 분명 있지만, 명리에 무지한 사람에게는 더 위험해지기도 했다. 각종 SNS를 통해 사이비나 실력이 없는 사람들도 쉽게 자신의 프로필을 속이거나 홍보할 수 있는 세상이 되었기 때문이다. 몇 년간 공부를 제대로 한 후에 철학관을 차리는 것은 시간과 노력과 비용이 많이 들지만, SNS 계정을 만들어 게시물을 열심히 올리는 건 그보다 적은 시간과 돈을 향한 열정만 있으면 가능하니 말이다.

기초적인 명리 공부를 이제 막 끝낸 사람이 교육과정이 끝나기가 무섭게 다른 사람들을 상대로 수업료를 받고 가르치겠다고 하는 무식한 용맹함도 심심치 않게 목격되고, 본업이 따로 있고 취미로 역학 공부를 하는 사람들조차 용돈벌이로 상담하겠다고 여기저기서 외치고 있는 것이 작금의 현실이다.

나는 역학을 쉽게 돈 벌 수 있는 수단이라고 생각하고 접근하는 사람들을 경계한다. 타로카드 커뮤니티 같은 곳에 올라오는 '전업주부인데 집에서 부업으로 할 만한 걸 찾다보니 할 게 없어서 단기 속성으로 타로를 배운 다음에 플*스 친구에 개업했다. 그런데 손님이 별로 없어서 (당연히 없겠지. 없어야 맞고.) 고민이다'와 같은 한심한 글을 보면, 대체 이런 사람들은 다른 이의 삶에 대해 상담하는 일의 무게감을 제대로 인지하고는 있는 건지 의문스럽다.

프로가 될 사람만 사주나 타로를 배우고 상담할 수 있는 건 아니지만, 업으로 삼고 남에게 돈을 받는다면 이야기가 달라진다. 실력이 미흡한 상태로 상담을 진행하게 되면 결과적으로 '사주나 타로 같은 건 미신이고 잘 안 맞는다'며 역학을 폄하하는 사람들의 목소리에 엄한 증거만 하나 더 보태주는 꼴이 되어버린다. 같은 팀이라고 보기에도 쪽팔리지만 어쨌든 이건 일종의 '팀킬'이니 말이다.

손님을 많이 끌어 모으기 위해 상담료를 저렴하게 책정하고 "당신은 무슨 살이 있어서 뭐가 안 되고" 따위의 통변을 하는 사람들도 제발 공부를 더 하든가, 아니면 그 일을 그만두었으면 좋겠다. 신살 위주의 통변은 정말이지 하수 중의 하수들이나 하는 것이라는 걸 일반 사람들도 알아야 한다.

참고로 최근 2~3년 사이에 생겨난 온라인 교육기관에서 발급되는 '명리지도사 자격증'이나 '명리상담사 자격증' 또한 모두 민간단체에서 자격증 판매를 목적으로 만든 실효성이 없는 것들이다. 몇 시간의 동영상 수업을 플레이한 뒤 소정의 금액만 내면 주어지는 것으로 소지자의 실력을 검증할 수 있는 수단이 전혀 되지 못하므로 내담자 입장에서 그것에 현혹될 필요는 없다.

    나는 이런 현실을 마주하면서 그 옛날 조선 시대에 관상감(觀象監, 천문학, 지리학, 역수 등의 업무를 맡아보던 관청)을 둔 것이 매우 훌륭한 제도였음을 새삼 깨닫는다. 명리학을 미신이 아닌 정식 학문으로 인정하고, 형식적인 자격증이 아닌 진짜 실력을 검증할 수 있는 국가고시를 치르도록 해야 한다. 그래서 비의료인이 의료 행위를 했을 때 법적인 처벌을 받듯이 역학 또한 자격이 되지 않는 사람이 돈을 받고 상담을 해주는 일을 법으로 금지해야 넘쳐나는 사이비들을 없앨 수 있을 것이다.

참고문헌

강헌, 『명리, 운명을 읽다』, 돌베개, 2015
김학목, 『명리명강』, 판미동, 2016
김기승, 『자원오행 성명학』, 다산글방 2019
방우영, 『쉽게 풀어 쓴 작명법』, 라온북, 2015
안종선, 『일주론: 성보의 명리학』, 스카이미디어&북, 2017

내 팔자가 세다고요?
나답게 당당히 살고 싶은 여성들을 위한 사주명리학

초판 1쇄 인쇄 2020년 1월 20일
초판 1쇄 발행 2020년 1월 30일

지은이 릴리스
펴낸이 송주영
펴낸곳 ㈜북센스
편집 장정민, 양선화
디자인 정지연
마케팅 오영일

출판등록 2019년 6월 21일 제2019-000061호
주소 서울시 은평구 통일로684 서울혁신파크 미래청 401호
전화 02-3142-3044 **팩스** 0303-0956-3044 **이메일** ibooksense@gmail.com

ISBN 978-89-93746-66-2(03150)

이 도서의 국립중앙도서관 출판예정도서목록(CIP)은 서지정보유통지원시스템 홈페이지(http://seoji.nl.go.kr)와 국가자료종합목록 구축시스템(http://kolis-net.nl.go.kr)에서 이용하실 수 있습니다. (CIP제어번호 : CIP2020002116)

* 책값은 뒤표지에 있습니다.